高等级公路建设项目监理实施规程

林　敏　张　广　王殿臣　高利平　主编

人民交通出版社

内 容 提 要

本书是依据交通部最新颁布的《公路工程施工监理规范（JTG G10—2006）》、《公路工程质量检验评定标准（JTG F80/1—2004）》，详细介绍了公路工程监理在施工阶段的实施规程，对监理单位在高等级公路建设项目实施工程监理的内容与权限做了具体明确的分工，并明确了质量监理过程中的控制内容与依据，为内蒙古地区乃至全国公路工程施工监理工作提供了一本内容完备、实用性强的工具书。

图书在版编目（CIP）数据

高等级公路建设项目监理实施规程 / 林敏等主编．—北京：人民交通出版社，2008.8

ISBN 978-7-114-07200-0

Ⅰ．高… Ⅱ．林… Ⅲ．道路工程-工程施工-监督管理-规程 Ⅳ．U415.1-65

中国版本图书馆 CIP 数据核字（2008）第 106808 号

书　　名：高等级公路建设项目监理实施规程
著 作 者：林　敏　等
责任编辑：戴慧莉
出版发行：人民交通出版社
地　　址：（100011）北京市朝阳区安定门外外馆斜街 3 号
网　　址：http：//www.ccpress.com.cn
销售电话：（010）59757969，59757973
总 经 销：北京中交盛世书刊有限公司
经　　销：各地新华书店
印　　刷：三河市吉祥印务有限公司
开　　本：787×1092　1/16
印　　张：10.25
字　　数：254 千
版　　次：2008 年 8 月　第 1 版
印　　次：2008 年 8 月　第 1 次印刷
书　　号：ISBN 978-7-114-07200-0
印　　数：0001-3000 册
定　　价：25.00 元

本书编写人员名单

主　编：林　敏　张　广　王殿臣　高利平

参　编：马永在　曹国华　杨　波　贾廷跃　张　勇

万　山　李俊梅　马俊源　王自力　刘金利

侯　贵　鲁　斌　李桂英　秦　萍　王　骅

许建民　马　鸣　檀文将

前　言

随着西部大开发战略和内蒙古自治区公路交通基础设施建设规划的实施，在内蒙古自治区境内修建的高等级公路数量与日剧增，参与高等级公路建设的施工和监理单位数量众多，以内蒙古省际通道阿荣旗那吉屯至苏家河畔段公路为例，路线全长 2 558km，全线共有 173 家施工单位、48 家监理单位参与建设和监理任务。尽管各项目办都不同程度地制订了相应的公路工程建设项目监理实施办法，但形式各异，缺乏统一性和实用性，且质量监理过程中的抽检项目与频率与交通部最新颁布的《公路工程质量检验评定标准（JTG F80/1—2004）》不相适应，给所有高等级公路施工监理工作的参与者带来很大的困难。

本书是依据交通部最新颁布的《公路工程施工监理规范（JTG G10—2006）》、《公路工程质量检验评定标准（JTG F80/1—2004）》、《FIDIC 土木工程施工项目管理手册》，总结我国自高等级公路建设以来，公路工程建设项目监理工作的实行与管理经验，在现有《内蒙古自治区省际通道建设项目监理实施细则》的基础上，结合兄弟省市同行好的做法的基础上，充分征求有经验的工程技术人员的意见编制完成。

本书在编制过程中，得到内蒙古交通厅质量监督站以及内蒙古省际通道办公室的大力协助，并参考了大量相关资料，谨此对有关同志及作者表示感谢。

编　者

2008 年 1 月

前 言

目　录

第1章　公路工程监理总则

1　监理的原则、性质、范围和目标

1.1　监理原则

公路工程监理单位及监理人员应按照“严格监理、热情服务、秉公办事、一丝不苟”的原则，认真贯彻执行有关施工监理的各项方针政策、法规，制订详细的工作计划，明确岗位职责，严格执行检查制度，努力做好施工监理工作。

1.2　监理性质

(1)服务性。为建设单位提供智力服务，监督甲乙双方遵守国家的规范和标准，贯彻国家的方针政策，维护国家和公众利益。

(2)公正性和独立性。公正要以独立为前提。监理是独立的第三方。

(3)科学性。监理单位必须具有能发现与解决工程建设中所存在的技术和管理方面问题的能力，能够提供高水平的专业服务。

1.3　监理范围

公路工程项目监理范围是指公路工程监理单位所承担任务的工程项目建设监理的范围。如果公路工程建设监理单位承担全部工程建设项目的工程建设监理任务，工程建设监理范围为全部工程建设项目，否则应按工程建设监理单位所承担的工程建设项目的建设标段或子项目划分确定工程项目工程建设监理范围。

1.4　监理目标

公路工程项目建设监理目标是指工程建设监理单位所承担的工程建设项目的工程建设监理目标，通常以工程建设项目的建设投资目标、进度目标、质量目标这三个目标来表示。

主要单位工程质量等级要求：优良(或合格)；

重要单位工程质量等级要求：优良(或合格)。

2　监理工作的依据及与各方的关系

2.1　监理工作的依据

监理单位实施监理工作的主要依据，可以概括为以下几个方面。

(1)国家和地方法律、法规。

(2)国家和行业、地方有关标准，规范，规程。

(3)监理合同。

(4)施工合同。

(5)工程前期有关文件。

(6)工程设计文件和图纸。

(7)工程实施过程中的有关函件。

2.2　监理单位与建设各方的关系

2.2.1　建设单位与监理单位的关系

建设单位与监理单位之间是委托与被委托的合同关系。监理单位在建设单位授予的责权范围内(合同中规定的)，公正监督管理施工承包合同，解决和报告合同实施过程中出现的各种情况，完成所负任务，保证工程按合同正常进展。因此二者之间的关系是合同关系，是委托与被委托、授权与被授权的关系。

2.2.2　监理单位与设计单位的关系

监理单位与设计单位，在建设单位委托监理单位进行设计监理时，是监理与被监理的关系，在没有委托设计监理时，是分工合作关系。监理单位在监理过程中，设计变更应按合同及有关规定办理。设计单位的有关通知、图纸、文件等须通过监理单位，由监理单位下达施工单位；施工单位要求修改设计时，也必须通过监理单位向设计单位提出。

2.2.3　监理单位与施工单位的关系

按照建设监理制度，在工程建设的三方关系中，监理单位与施工单位的关系不是合同关系，他们之间不得签订任何合同或协议。他们之间的关系，只是工程建设中监理和被监理的关系，建设单位通过与工程施工单位签订的工程施工合同确立了这种关系，合同中明确地授予了监理单位监督管理的权力，监理单位依照国家和部门颁发的有关法律、法规、技术标准，以及批准的建设计划、施工合同等进行监理。

施工单位在执行施工合同的过程中，必须接受监理单位的合法监理，并为监理工作的开展提供合作与方便，按规定提供完整的有关施工技术经济资料。

施工单位按照施工合同的要求和监理工程师的指示施工，在施工过程中，施工单位要随时接受监理工程师的监督和管理，而监理工程师则是按照建设单位所委托的权限，并在这个权限的范围内指导检查施工单位是否履行合同的职责，是否按合同规定的技术要求、质量要求、进度要求和费用要求进行施工建设。在监理过程中，监理工程师也要注意维护施工单位的合法利益，正确而公正地处理好款项支付、验收签证、索赔和工程变更的支付问题。

2.2.4　监理单位与政府质量监督的关系

质量监督与监理单位的关系是监督与被监督的关系。质量监督是政府行为，建设监理是社会行为，两者的性质、职责、权限、方式和内容有原则性的区别。

首先从性质上看，政府质量监督机构是代表政府，从保障社会公共利益和国家法规执行角度对工程质量进行第三方认证，其工作体现了政府对建设项目管理的职能，而建设监理单位是在建设单位授权范围内进行现场目标控制。其次从工作范围和深度方面看，政府质量监督站的工作是工程质量的抽查和等级认定，把住工程质量关。而建设监理单位是对项目实施过程中全面管理和全过程控制。再从工作依据看，政府质量监督主要依据国家方针、政策、法律、法令、技术标准与规范、规程等法规，而社会监理除依据上述法规外，更要以设计文件和监理委托合同、工程施工合同为主要依据。最后从工作手段看,政府质量监督主要依靠行政手段,包括责令返工、警告、通报、罚款,甚至于降低等级等。而社会监理有时也使用返工、停工等强制手段,但主要是依靠合同约束的经济手段,包括拒绝进行质量、数量的签证,拒签付款凭证等。

工程实施中各方面关系如图 1-1 所示。

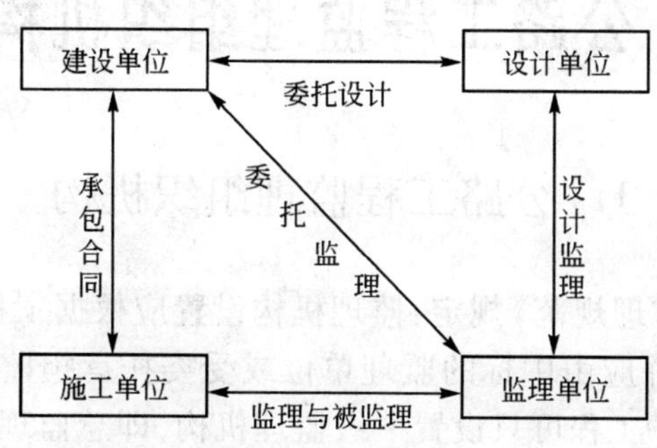

图 1-1 工程实施中各方关系图

第2章　公路工程监理组织机构与职责

1　公路工程监理组织机构

按照《公路工程施工监理规范》规定：监理机构设置应根据工程规模、难易程度、合同工期、现场条件等因素确定；并应由中标的监理单位或受委托承担监理任务的监理单位组建。三、四级公路或大、中修养护工程可只设置一级监理机构，即总监理工程师办公室（简称总监办）；高速公路及一、二级公路宜设置二级监理机构，即总监办、驻地监理工程师办公室（简称驻地办）。

二级监理组织机构如图2-1所示。

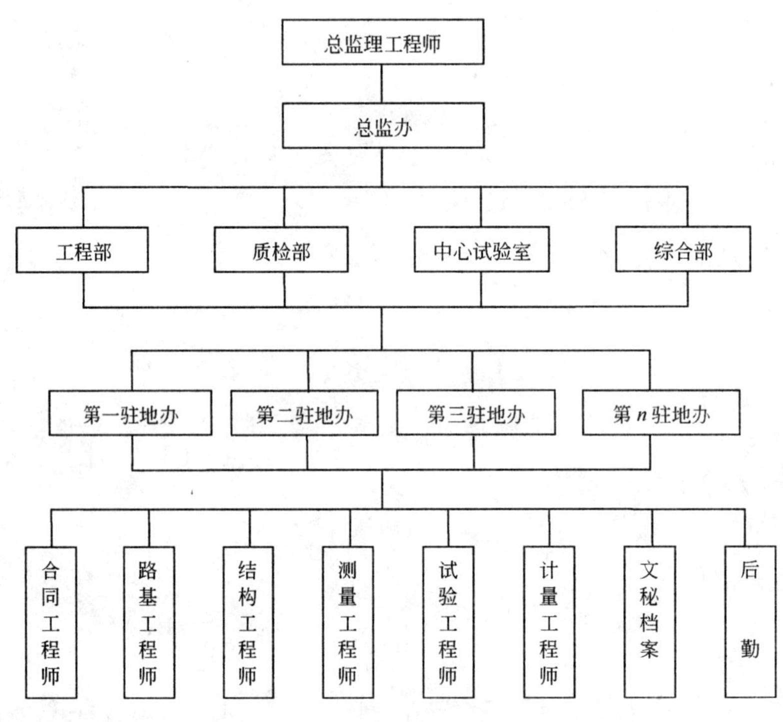

图2-1　二级监理组织机构框图

2　公路工程监理组织机构的职责

2.1　总监理工程师办公室的职责

(1)组织编制项目监理计划。

(2)主持召开监理交底会、第一次工地会。

(3)按合同要求建立中心试验室。

(4)审批施工组织设计及总体进度计划、重要工程材料及混合料配合比。

(5)签发支付证书、合同工程开工令、单位或合同工程的暂停令和复工令。

(6)确认变更单价和总额以及延期和费用索赔。

(7)协助建设单位审查交工验收申请,评定工程质量。

(8)组织编写监理月报,编制监理竣工文件,编写监理工作报告。

2.2 驻地监理工程师办公室的职责

(1)主持编制监理细则。

(2)主持召开工地会议。

(3)按合同要求建立驻地试验室。

(4)审批一般工程原材料和混合料配合比,施工单位机械装备、施工方案。

(5)审批施工单位测量基准点的复测、原地面线测量及施工放线成果。

(6)审批分项工程开工申请,签发分项和分部工程暂停令和复工令。

(7)日常巡视、旁站、抽检,并做好记录。

(8)核算工程量清单,负责对已完工工程进行计量。

(9)组织分项、分部工程中间验收和质量评定,签发中间交工证书。

(10)审批月进度计划,编写合同段监理工作报告。

2.3 工程部职责

(1)负责总监办计量支付、合同管理和计划管理工作。

(2)指导、协调各标段合同管理工作,组织各标段合同管理、计量支付、计划管理人员的业务学习和交流。

(3)解释合同条款,处理合同文件的遗漏、错误及含糊不清等问题,协助解决合同争端。

(4)组织对承包人的履约检查,督促承包人按合同要求和施工需要配置施工资源。

(5)审查承包人的施工进度计划,督促检查承包人计划的实施。

(6)协助业主明确计量支付监理程序和要求,提供有关计量、支付、延期、索赔等用表格式,建立计量台账。

(7)审查承包人报送的月支付证书及原始凭证、最终支付证书及合同终止后任何款项的支付证书。

(8)审查处理承包人提交的延期与费用索赔报告。

(9)审查与处理工程变更。

(10)按期提供有关报表,编写监理月报。

(11)参加各合同段交工验收及竣工结算工作。

(12)完成总监办交办的其他工作。

2.4 中心试验室职责

(1)按合同承诺和监理工作的需要筹建总监办中心试验室,制订完善各项规章制度和试验设备的操作规程,确定补充试验用表,建立试验台账,协调业主及质量监督站完成中心试验室的验收。

(2)按合同和监理规范规定的频率完成监理试验抽检工作。

(3)对承包人的各种配合比、标准试验进行平行验证,提出意见,报总监审批。

(4)加强对承包人工地试验室的指导、检查、监督管理,组织工地试验室的验收。

(5)对承包人送检的各种试验进行验证。

(6)在抽检过程中发现有不合格的试验结果时,应报告总监(副总监),同时通知工程部和驻地监理解决处理。

(7)指导、协调驻地监理试验工作,组织试验技术培训;参与新技术、新工艺、新材料以及重要工程的试验工作。

(8)做好试验检测资料的整理、统计与归档,按规定日期向总监办报送月度试验统计报表和试验分析报告。

(9)对试验仪器设备进行维护管理。

(10)完成总监办交办的其他任务。

2.5 综合事务部职责

(1)负责总监办各种文件、资料的打印,复印,收发文件的登记编号、送阅和整理归档。

(2)负责会议纪要、简报、情况汇报、工作总结的编写,整理会议记录。

(3)负责总监办人员考勤、日常财务开支及后勤保障工作。

(4)负责总监办的接待工作。

(5)负责设施、办公用品及其他物品采购、登记、发放及使用管理工作。

(6)负责总监办安全生产、计划生育和综合治理工作。

(7)负责总监办车辆管理工作。

(8)负责总监办环境卫生、伙食管理工作。

(9)完成总监办交办的其他工作。

2.6 驻地监理小组职责

(1)严格按合同条款,在总监的授权下,对工程进行全面监督和管理,负责日常监理工作的组织和执行。

(2)对施工单位总体施工组织设计进行初审,审查月进度计划,检查进度计划的实施情况,对于滞后于计划的工程要及时向总监办报告,督促施工单位增加设备、人员,调整进度计划。

(3)复核设计图纸和承包人上报的变更设计图纸、临时工程图纸及计算书。

(4)监督施工单位按规范进行试验检测工作,保证施工单位自检数据真实可靠,抓好各施工单位的试验月报和工程质量月报工作。

(5)审查各合同段分部工程、分项工程开工报告;检查核实施工单位所报的人员、机械设备、材料和试验。审查分部工程、分项工程的施工方案和计划的可行性,确保工程的施工质量和安全。

(6)检查督促各施工单位按设计图施工,现场作业的机械设备和进场的材料应符合有关标准的规定，检查落实施工单位持证上岗的人员，落实各工序的施工工艺；发现安全隐患，及时采取措施处理。

(7)在进行工程下一道工序施工时，要保证其上一道工序施工质量符合技术标准的规定，并满足检测频率。组织对隐蔽工程的验收，认真落实工程中间交验工作，保证各项检测数据的准确性和完整性，签发《中间交工证书》。

(8)填写监理日志，签认各类监理表格；按时以书面形式向总监办提供本月度标段施工监理月报、周报等。

(9)检查核实施工单位的中间支付报表和最终支付报表，及时签署意见。

(10)对不符合施工合同要求的工程应指令施工单位返工，下达书面指令并报总监办备案，督促承包人整改落实，情况严重或涉及到安全时应及时向总监办汇报。

(11)在总监办授权的范围内处理工程变更，防止或减少索赔事件的发生。

(12)对计量支付、工程分包、延期、索赔等有关问题，提出初审意见报总监办。

(13)完成总监办交办的其他工作。

3 各级监理人员的职责

3.1 总监理工程师的职责

总监理工程师(简称"总监")是具有交通部公路工程监理工程师资格，经项目建设单位同意，在监理机构中负责项目工程全部监理工作的总负责人。其职责有以下方面。

(1)组织建立监理机构，审定各类监理人员，任命总监办主任及各职能部门工程师，授权各级监理职责范围及各类监理人员岗位职责，在监理过程中考察各级监理人员的能力与行为，做出评价与处理。

(2)负责和主持总监办的监理业务工作，在合同规定范围内对工程项目的监理业务有决定权。

(3)解决或纠正合同文件中不明确或不一致的地方。

(4)统一制订并颁发全项目的监理实施细则和各项监理制度、管理办法、工作程序、图式表格并负责解释，使全项目的质量、进度、费用、合同及资料管理工作制度化、规范化和程序化。

(5)统一组织全项目监理人员的岗前业务培训及施工技术交底，检查督导各级监理业务，开展经验交流，进行总结表彰。

(6)发布工程开工令，必要时通知施工单位暂时停止整个工程或任何部分工程的施工。

(7)审核施工单位授权的常驻现场代表的资质，以及其他派到现场的主要技术、管理人员的资质。

(8)组织建立全项目的中心试验室、各驻地办试验室，验收施工单位试验室，审核其人员资质，建立监理的试验、检测工作体系，按照规定的频率独立开展监理试验、检测工作。

(9)审查施工单位实施本工程的施工方案及主要方法或工艺，控制主要外购成品件或半成品件的质量。

(10)审批施工单位提交的总体进度计划、现金流动计划和总说明，以及在施工阶段提交的各种详细计划和变更计划，检查和督促施工单位实施进度计划，核批施工单位的修正计划，当工程未能按计划进行可能导致合同工期严重延误时，总监有权要求施工单位调整或修改计划，并通知施工单位采取必要的措施加快施工进度或提出中止执行施工合同的详细报告，供建设单位采取措施或做出相应的决定。

(11)审查签发动员预付款支付证书、中期支付证书、最终支付证书及合同中止后任何款项的支付证书，对不符合合同要求的工程项目和施工活动有权暂拒支付，直到上述项目和施工活动达到要求。

(12)主持开工前的第一次工地会议和施工阶段的专题会议，并签发会议记录，有权参加施工单位为实施合同组织的有关会议，协调工地各施工单位的有关联席会议。

(13)按施工合同规定的变更范围，对工程或其任何部分的形式、质量、数量及任何工程施工程序做出变更的决定，确定变更工程的单价和价格，经建设单位同意后下达变更令。签发经建设单位批准的不可预见的工程费用。

(14)对施工单位提出的竣工期的延长或费用索赔，应就其中申述的理由，查清全部情况，并根据合同规定程序审定延长工期或索赔的款项，经建设单位批准后发出通知。

(15)受理合同事宜，根据合同规定评估和处理违约事件，协调争端，在仲裁过程中作证。

(16)对施工单位的交工申请进行评估，组织对拟交工工程的检查和验收，签发交工证书。

(17)调查、处理工程质量缺陷和事故，出现重大质量事故时，督促施工单位按规定上报有关部门。

(18)督促建设单位及时妥善履行合同规定的各项责任和法定承诺。

(19)监督施工单位认真执行缺陷责任期的工作计划、检查和验收剩余工程，对已完工工程中出现的缺陷病害，调查其原因并确定相应责任。

(20)签发工程缺陷责任终止证书。

(21)检查、督促各驻地办的监理工作，定期召开监理办公会议，听取各驻地办的工作进展及存在问题的汇报，协调监理内部工作。

3.2 驻地监理工程师的职责

驻地监理工程师是具有交通部公路工程监理工程师资格，经总监理工程师授权，负责项目部分工程监理工作的驻地监理负责人。其职责有以下方面。

(1)对监理工程师负责，负责并主持驻地监理工程师办公室的一切监理业务，对驻地监理工程师办公室所属监理人员的工作进行管理、检查和协调。

(2)全面熟悉合同文件，及时解决合同执行过程中的一般性问题。

(3)审批一般工程变更，审理延期和索赔的原因，并提出处理意见。

(4)审查施工单位的施工进度计划、施工组织设计与施工方案。

(5)签发分项工程开工令、中间交工证书，审核、签认中期支付证书和最终支付证书。

(6)对工程项目的进度、质量实施全面监控，对施工中出现的问题按合同要求和技术规范的规定提出处理意见，向施工单位签发工作指令。

(7)主持工地会议，研究和解决施工中的各种问题。

(8)办理总监理工程师、副总监理工程师交办的其他事项。

3.3 工程技术部经理职责

(1)负责组织完成本部门工作,密切配合总监办各部门开展监理工作。

(2)组织进行监理技术交底,组织监理人员培训。

(3)组织编制监理工作流程和质量控制程序,明确质量监督的关键点与难点,并有针对性地加强质量监控。

(4)在总监授权的情况下,组织进行分项工程开工报告、承包人的施工组织设计和施工方案、工程变更及其他报告的审批。

(5)组织各专业工程师为驻地监理人员提供技术指导与服务,处理中心试验室检测不合要求和驻地监理上报的质量问题。

(6)及时处理工程质量有关的各种文件、报表,审核工程部有关指令、文件等。

(7)经常巡视施工现场,掌握各标段的工程质量与进度动态,及时地解决施工中出现的问题。

(8)调动本部门工作人员的积极性,充分发挥各自的专业特长,为工程监理工作服务。

(9)组织对工程监理相关资料进行管理。

(10)组织本部门监理人员的考核工作。

(11)完成总监办交办的其他工作。

3.4 道路(路基、路面)监理工程师职责

(1)在工程部经理的领导下,对本监理合同段的路基、路面工程质量进行监督管理,指导驻地监理开展路基、路面工程的监理工作。

(2)核对设计图纸及设计资料,发现问题予以纠正或上报。

(3)根据监理工程特点,明确工作流程、质量控制程序以及质量控制要点,并监督检查执行情况。

(4)审查道路工程的开工报告、施工方案等,配合处理有关技术问题。

(5)经常巡视道路工程施工现场,发现问题及时处理;加强对高填、深挖、软基等重点工程的质量控制。

(6)定期检查承包人道路工程各项施工资料,并组织监理抽检资料的整理归档工作。

(7)配合计量工程师审查承包人的计量申请单。

(8)完成工程技术部交办的其他工作。

3.5 桥梁监理工程师职责

(1)在工程部经理的领导下,对本监理合同段的桥梁工程质量进行监督管理,指导驻地监理开展桥梁工程的监理工作。

(2)对桥梁设计图纸和数据进行复核,纠正差错,补充漏缺,对重大错误、漏项等问题及时上报。

(3)审查承包人提供的桥梁施工方案、施工工艺、施工组织设计、施工进度计划,配合处理有关技术问题。

(4)经常巡视桥梁施工现场,及时解决桥梁施工中出现的问题;加强对钻孔桩、预制梁、现

浇箱梁等关键工程的质量控制。

(5)定期检查承包人桥梁工程各项施工资料,并组织监理抽检资料的整理归档工作。

(6)配合计量工程师审查承包人的计量申请单。

(7)完成工程技术部交办的其他工作。

3.6 隧道监理工程师职责

(1)在工程部经理的领导下,对本监理合同段的隧道工程质量进行监督管理,指导驻地监理开展隧道工程的监理工作。

(2)对隧道设计图纸和数据进行必要的复核,纠正差错,补充漏缺,对重大错误、漏项等问题及时上报。

(3)根据管辖工程隧道的特点,提出工作流程及质量控制程序。

(4)检查承包人提供的隧道施工方案、施工工艺、施工组织设计及施工进度计划,对施工机械设备进行核查,以确保施工质量的要求,配合处理有关技术问题。

(5)经常巡视隧道施工现场,及时解决隧道施工中出现的问题;加强对隧道进出洞、初期支护等关键工序的质量控制。

(6)定期检查承包人隧道工程各项施工资料,并组织监理抽检资料的整理归档工作。

(7)配合计量工程师审查承包人的计量申请单。

(8)完成工程技术部交办的其他工作。

3.7 测量监理工程师职责

(1)在工程部经理的领导下,组织完成本监理合同段的工程测量监理任务。

(2)参加设计单位的交桩工作,组织总监办的交桩工作,对设计提供的导线点、水准点、控制点等进行测量复核。

(3)制订切实可行的测量监理工作方案和测量监理流程。

(4)指导监督检查承包人放线、放样,认真核对测量成果,及时签认测量资料;组织完成监理测量抽检复核工作。

(5)指导检查承包人水准点、控制点的加密保护工作,定期复核所有控制点、水准点、加密点的坐标和高程。

(6)配合计量工程师进行收方丈量,审核原始数据。

(7)定期检查承包人和总监办仪器的精度,做好测量仪器的维护工作。

(8)定期检查承包人施工测量资料,并完成监理测量抽检资料整理。

(9)配合验收小组完成交工验收工作中的测量工作。

(10)完成工程技术部交办的其他工作。

3.8 合同监理工程师职责

(1)负责组织完成本部门工作,密切配合总监办各部门开展监理工作。

(2)审查承包人的施工进度计划。

(3)组织进行工程进度检查和合同履约检查。

(4)及时处理与工程计划、合同管理和计量支付有关的各种文件、报表。

(5)审核承包人报送的各类支付证书,组织现场计量收方工作。

(6)按规定的程序和权限审查与处理工程变更、延期和索赔。

(7)充分调动本部门工作人员的积极性,做好合同管理工作。

(8)组织本部门监理人员的考核工作。

(9)完成总监办交办的其他工作。

3.9 中心试验室主任职责

(1)贯彻执行国家及主管部门与公路工程试验检测有关的政策、法令、法规、条例和制度,确定本中心试验室的试验检测方法和目标、试验检测质量方法和控制措施,确定本中心试验室的发展规划和工作计划。

(2)对本中心试验室的试验检测工作的完成情况及试验检测工作质量负责。

(3)负责试验检测报告的签发,对检测不合格的报告在第一时间报主管领导处理;掌握、了解试验检测抽检资料的整理和归档情况。

(4)加强全面质量管理,确保公正、科学、准确地开展试验检测工作。

(5)积极协调好各部门的工作。

(6)检查工地试验室及各部门岗位责任制的执行情况,考核各级试验人员的工作清况。

(7)完成总监交办的其他工作。

3.10 试验室技术、质量负责人职责

(1)在中心试验室主任的领导下,全面负责试验室的技术、质量工作,制订中心的质量方针与质量目标,掌握本领域试验检测技术的发展方向,制订发展计划。

(2)批准试验检测计划、检测实施细则、检测操作规程、专用检测仪器设备的暂行校验方法。

(3)审核试验检测报告,负责质量事故的处理和对检测质量争议的处理。

(4)制订试验检测人员的业务技术培训与考核计划。

(5)负责质量事故的处理和对检测质量争议的处理。

(6)负责检查各类人员的试验检测质量和工作质量,定期向主任报告工作质量情况。

3.11 试验检测人员职责

(1)认真学习和贯彻执行国家有关公路桥梁工程试验检测的方针、政策、法规,遵守各项规章制度,严格按照有关的技术标准承担试验、检测工作。

(2)所有试验检测人员必须持证上岗。

(3)试验人员对各自的试验检测工作的质量负责。

(4)认真学习业务技术,熟悉和掌握本专业的检测和试验方法,积极开展检测业务,学习与专业有关的检测新方法。

(5)严格执行技术标准和试验操作规程,按规定做好检验过程的原始记录,记录数据不得随意涂改,对重大的检测或有疑问的检测数据要认真复核校对,确保检测结果的准确可靠。

(6)严格按规定对试验检验数据进行分析处理,对试验检验数据的准确性及真实性负责。

(7)试验人员应了解试验仪器设备的工作原理,熟练地掌握与操作试验仪器设备。

(8)对使用后的仪器设备进行清洁、维护、保养,并保持试验室内外环境清洁。

(9)试验检测过程中出现技术问题时,应及时向室(组)负责人报告,并按照室(组)领导的要求进行处理。

3.12 综合事务部主任职责

(1)组织完成本部门的工作任务。

(2)组织完成总监办的文印及各种文件、资料的收发,登记,编号,传阅,整理,归档工作。

(3)进行总监办的考勤工作,定期汇总,及时上报。

(4)做好后勤保障服务工作,做好办公用品的采购、保管和使用工作,协调管理总监办车辆的使用,组织安排监理人员的食宿。

(5)做好总监办的安全生产、计划生育和综合治理工作。

(6)及时报账,保证总监办资金正常周转。

(7)完成总监办交办的其他任务。

3.13 监理组长职责

(1)在总监的领导下,对所辖标段工程施工进行监督和管理,负责本段监理人员的管理工作。

(2)熟悉监理标段合同文件及设计图纸,纠正设计图纸中明显的错误,并及时向总监办报告。

(3)初步审查承包人的总体施工组织设计、总体进度计划、开工报告和中间计量证书,并报总监办审批。

(4)组织安排本监理组人员进行现场检查,并经常巡视工地,及时解决处理影响工程进度和质量的问题,对重大问题及时报告总监办。

(5)主持监理组每月的内部会议,研究并处理施工中的各种问题。

(6)完成报送总监办的各种定期报表、工作报告。

(7)完成总监办交办的其他任务。

3.14 监理员

(1)在各专业工程师和监理组长的指导和安排下,负责指定范围内的施工现场监理工作,认真做好旁站、巡视检查等监理工作。

(2)熟悉合同条款、技术规范和设计图纸,对施工现场进行有效的质量控制,现场检查监督施工单位用于工程的工、料、机等是否符合要求,监督承包人混合料的配合比及其施工方法与操作工艺。

(3)按施工程序进行跟班旁站,现场监督每道工序与每个部位的施工质量,特别是隐蔽工程和关键部位的施工质量,发现不符合设计或规范要求的施工,必须立即予以制止并责令其纠正,制止不了的应记录在案,并及时报专业工程师进行处理。

(4)严格按监理实施细则执行,做好监理日志、日报,填报各种监理图表,每周必须将监理日记报监理组长及专业工程师审阅签认,做好所在岗位各项内业资料的收集归档工作,参与审查承包人的施工进度计划和施工方案，并督促检查其执行情况。

(5)初审承包人提交的各种资料和表格，核实承包人提交的工程量计量表，提出审查意见。

(6)现场检查监督承包人现场取样，监督检查承包人的各项试验工作，复核所有试验记录并签字。

第3章　公路工程监理内容、程序及制度

1　公路工程监理内容

公路工程施工监理阶段划分为施工准备、施工、交工验收与缺陷责任期三个阶段。从监理合同签订之日起至总监理工程师签发合同工程开工令之日止为施工准备阶段；从合同工程开工之日起至合同工程交工验收申请受理之日止为施工阶段；从合同工程交工验收申请受理之日起至缺陷责任终止证书签发之日止为交工验收与缺陷责任期阶段。

1.1　施工准备阶段的公路工程监理内容

1.1.1　参加设计交底

监理工程师应参加建设单位主持的设计交底，掌握建设单位对本工程的要求、设计意图、设计要点及标准，对材料和工艺的要求以及施工中应特别注意的事项等，澄清有关问题，收集资料并做记录。

1.1.2　审批施工组织设计

总监理工程师应及时审核施工单位提交的合同工程的施工组织设计及总体进度计划，并在合同规定的期限内批复。

(1)对施工组织设计应重点审核施工单位的审批手续是否齐全有效；施工总体布署与施工方法是否合理可行；质量、安全和环保等保证体系是否健全；是否建立了安全生产的责任制度和教育培训制度；是否制订了安全生产规章制度和安全操作规程；质量保证措施和安全、环保的技术措施是否有效并符合有关法规。

(2)对总体进度计划应审核总体进度安排是否满足合同工期的要求，进度计划能否保证施工的连续性和均衡性，人力、材料、设备的配置是否与进度计划协调。

(3)技术复杂或采用新技术、新工艺或在特殊季节施工的分项工程、分部工程，应要求施工单位编制专项施工方案，并由驻地监理工程师审定后实施。

1.1.3　检查保证体系

监理工程师应检查施工单位安全、环保和质保体系与制度是否落实，核查其项目经理、技术负责人、工地试验室负责人的资格以及到场的专职或兼职安全、环保和质保人员的岗位职责是否完善、明确。

1.1.4　审核工地试验室

总监理工程师应审批施工单位工地试验室的建筑面积、试验检测仪器设备及人员的配备能否满足合同要求和常规试验检测项目的需要；试验检测的管理制度是否健全。

1.1.5　审核复测结果

总监理工程师收到施工单位提交的原始基准点、基准线和基准高程的复测报告后，应对复测结果进行审核和平行复测检查。当双方复测结果一致或满足有关规范要求时，总监理工程

师应在合同规定的期限内批复,并将施工单位的复测报告和监理的复核结果一起报建设单位备案,否则总监理工程师应指令施工单位重新复测。当发现勘察设计单位测量有误时,总监理工程师应书面报告建设单位要求勘察设计单位复测。

1.1.6　验收地面线

监理工程师应验收批复施工单位测定的地面线,并作为工程计量的依据。

(1)监理工程师应要求施工单位必须在原始地面线未被施工扰动前测定地面线;使用的仪器精度及操作方法应符合勘测设计要求与规定;根据测定的地面线资料及施工合同文件中标准横断面图,提交用于施工放样的横断面施工图和土石方工程数量计算表。

(2)监理工程师应要求施工单位对建设单位已经移交了工程场地占用权,但尚不施工或尚未测定的施工段落的地面线进行有效保护。

(3)监理工程师复测频率应能判定施工单位测定结果是否真实可靠,且不低于施工单位测点的30%。

1.1.7　审批工程划分

总监理工程师应于总体工程开工前,对施工单位依据有关规定,结合本合同工程特点进行的分项工程、分部工程、单位工程的划分予以批复并报建设单位备案,审批结果应作为全过程管理的依据。

1.1.8　确认场地占用计划

监理工程师应要求施工单位提交合同工程全部场地的占用计划及附图,并及时提交给建设单位。监埋工程师应对临时需增减的用地予以确认。

1.1.9　核算工程量清单

监理工程师应在合同工程开工前,对施工单位提交的工程量清单复核结果及说明进行审核签认。当清单数量与设计图纸不符时,以审核无误的图纸为准;当清单数量与满足设计与施工规范要求的实际工程数量不符时,以监理工程师签认的实际工程数量为准。

1.1.10　签发开工预付款支付证书

监理工程师应在施工单位提交了履约担保函、开工预付款担保函并签订了合同协议书后,按合同规定的金额签发开工预付款支付证书,报建设单位审批。

1.1.11　召开监理交底会

总监理工程师应在合同工程开工前主持向施工单位项目经理、技术负责人及各级有关职能人员、分包单位主要负责人等进行监理交底。监理交底会应介绍监理工作内容、基本程序和方法,提出有关报表的报审要求及工程资料的管理要求等。

1.1.12　召开第一次工地会议

总监理工程师应主持召开第一次工地会议。会议的组织和要求应符合《公路工程施工监理规范》规定。

1.1.13　签发合同工程开工令

监理工程师收到施工单位提交的合同工程开工报告后,应对合同工程的开工条件进行核查。具备开工条件的,由总监理工程师签发合同工程开工令,并报建设单位备案。

1.2　施工阶段的公路工程监理内容

1.2.1　施工阶段的工程质量监理

(1)监理工程师应首先审批施工单位拟用的原材料和混合料、机械设备、施工方案和工艺、分包资质及施工测量放线成果等。

(2)监理工程师应审批施工单位提出的工程材料采购申请;对到场材料独立取样进行平行试验后审批施工单位提出的工程材料使用申请;对存放不当或存放较长时间后易变质的材料可要求施工单位重新提交使用申请。

监理工程师应审批施工单位报送的集料、混合料使用申请和混合料配合比设计、标准试验结果,监理试验室应对施工单位报送的混合料样品进行复核性试验,必要时做平行的标准试验。在批复之前应认真检查各种材料的存放及防护措施是否符合规定,不符合规定的不予批准。

施工单位使用商品混凝土或混合料时,监理工程师可只对商品混凝土或混合料进行审查及复核性试验,不再对其原材料进行试验和审批。

(3)监理工程师应审查施工单位进场的施工机械是否与投标书承诺的及进度计划所附的进场施工机械表一致;是否与施工质量和进度相适应;是否符合环保要求。施工单位使用非规范规定的施工机械,应提交申请,解释变动原因,对拟使用的机械作充分说明。监理工程师认为可行的应及时批准,否则应提出意见并批复施工单位。

(4)监理工程师应审查施工单位提交的施工方案及主要工艺并予以批复。

对技术复杂或采用新技术、新工艺、新设备的工程,应要求施工单位首先安排试验工程进行试验,根据试验结果提交施工方案和工艺。试验工程的监理内容与程序与一般工程基本相同,但应加强以下几方面工作:

①要求施工单位申报的施工方案和工艺详细、具体,有可操作性;

②应审查施工单位制订的试验工程中的检测、试验方案和计划;

③在试验工程施工过程中,监理试验室应进行平行抽检试验,抽检频率应不低于施工单位检测或试验次数的30%。

(5)对分包单位的资质和工程的分包应由总监理工程师审核批复。

(6)监理工程师应检查使用的测量仪器是否经过年度标定,审核和抽查施工单位提交的施工测量放线数据、图表及放线成果,并予以批复。若施工单位放线是从基准点引出的工程控制桩进行的,监理工程师应对该工程控制桩进行复核;监理工程师应对施工单位的施工放线重点部位100%复核;其他部位抽查频率不低于施工单位放线点位的30%。

(7)监理工程师应要求施工单位提交分项工程、分部工程的开工申请,其内容应包括分项工程、分部工程概况,施工方案及主要工艺,质量保证、安全技术和环境保护措施,进度计划,质量控制指标及试验检测项目、频率和方法,施工组织及人员、材料、机械设备等进场情况,测量放线成果等。

(8)施工单位外购或订做用于永久工程的构、配件或设备应提出申请,并附供货企业营业执照、资质、生产业绩、主要管理和技术人员的资格与资历、企业的主要设备及完好情况、质量保证能力和试验检测能力的证明及企业财务状况等材料。监理工程师应对申请进行审查,必要时可实地考察,对具备生产资质和能力的可予批准,否则不批准。

监理工程师应到场检查首件产品加工设备和工艺、原材料和混合料;在产品交付验收时,监理工程师应在施工单位按要求提交了产品合格证明及自检验收结果后进行试验检测和验收。合同有要求时应对首件产品进行功能试验。

对具有产品合格证和施工单位自检合格报告的批量产品,监理工程师应按不低于施工单位自检数量的30%进行独立抽检和验收。

(9)监理人员对每道工序的巡视应不少于1次。应重点巡视在建的分项工程、分部工程是否已批准开工;质量、安全、环保、试验检测等人员及特殊工种技工是否持证上岗;现场使用的原材料或混合料、外购产品、施工机械设备以及采用的施工方法与工艺是否与监理工程师批准使用的一致;质量、安全及环保措施是否到位;施工单位是否按规定的检测试验项目、频率、方法和设备进行了质量自检,仪器是否按期标定。

每次巡视后监理人员应将巡视的主要过程、发现的问题、处理意见和处理结果等如实记录在监理日记上。当天未处理的,应在处理后及时补记。巡视中对需要抽样试验的,应及时安排并应查验施工单位的自检资料。

(10)对于重要隐蔽工程和完工后无法检测其质量或返工会造成较大损失的工程,应视工程情况安排专业监理工程师或其他监理人员进行该工序或部位施工全过程或标准试验的全过程旁站。监理机构应在编制监理计划时明确旁站的项目,制订旁站方案、旁站监理人员的职责等。

旁站监理人员还应对巡视内容进行检查,及时指出发现的问题或隐患。发现施工单位违规操作时,应予制止并责令立即整改;发现施工活动已经或可能危及工程质量或安全时,应及时向监理工程师或者总监理工程师报告,由总监理工程师下达停工令或采取其他应急措施。旁站监理人员应如实准确地做好旁站记录和监理日记,保存原始资料。

旁站工序或项目施工完成后,监理工程师应对施工单位自检资料和工程实体进行检查验收。合格的,在工序交验单上签字认可,一份交施工单位,另一份监理留存;不合格的,在工序交验单上指出问题、签署意见后退回施工单位,待其改止并经自检合格后再重新提交工序交验单。未经监理认可的不得进行下道工序施工。

(11)当采用新技术、新材料、新工艺但缺乏相应的标准时,监理工程师应要求施工单位提供相关的技术资料及鉴定报告,拟定暂行标准,经总监办审批后执行。

(12)抽查试验检查施工中使用的原材料、混合料、成品件及半成品件的质量与被监理批准的样品的质量的符合性和工程质量与合同要求的符合性。

对原材料、各种混合料及工程内在质量进行的监理抽检试验项目同施工单位试验项目相同,水泥、钢材、沥青、石灰、粉煤灰、砂砾、碎石等项目的监理抽检频率为施工单位自检频率的20%,其余材料不低于10%。

在施工现场的旁站监理人员对施工质量或材料质量产生疑问并提出要求时,监理试验室应随时进行抽样试验,必要时还可要求施工单位增加自检频率。

(13)对施工过程中的工程质量或安全事故,监理工程师应督促施工单位按规定尽快报有关单位,应和建设单位、质量监督站一起对事故进行初步的调查和分析。

(14)监理工程师收到施工单位提交的分项工程中间交工申请后,应检查:施工单位是否汇总了各道工序的检查记录、测量和试验检测结果及监理工程师签认的工序交验单;施工单位是否按《公路工程质量检验评定标准》进行了分项工程的自检和质量评定;质量保证资料是否齐全。

(15)分部工程与单位工程的质量等级按《公路工程质量检验评定标准》评定。

1.2.2 施工阶段的工程进度监理

(1)进度监理应在确保工程质量与施工安全的基础上,以计划控制为主线进行。监理工程师应及时收集进度信息并进行分析,应监督施工单位按时提交进度计划,严格审批并督促实施。监理工程师应采取合同手段,发现问题及时纠偏,避免因赶工期而造成损失,将延期可能造成的损失降低到最小。

(2)监理工程师应在规定期限内,完成对施工单位提交的进度计划的批复并报建设单位。批准后的进度计划应为今后进度监理的依据。

(3)监理工程师应检查施工单位每周分项工程或形象部位实际进度,并抽查其符合性;应检查施工单位每月末对周工程进度的记录、统计分析及月工程进度报告,抽查其符合性。

监理工程师应编制反映实际工程进度与计划工程进度的图表,并每月对工程进度进行分析和评价。

(4)施工单位未取得延期批准,且关键线路上的实际工程进度严重滞后于计划时,监理工程师必须签发指令,要求施工单位调整工程进度计划,采取措施加快工程进度。调整后的工程进度计划必须报监理工程师审批。

施工单位取得延期批准后,监理工程师应要求施工单位根据延期批复调整工程进度计划。调整后的工程进度计划应报监理工程师审批。

由于施工单位自身原因造成工程进度延误,在监理工程师发出监理指令后施工单位未有明显改进,致使合同工程在合同工期内难以完成时,监理工程师应及时向建设单位提交书面报告,并按合同文件规定处理。

(5)监理工程师编制进度计划应依据合同文件和工程现场实际,满足总工期目标。进度计划均应配备形象图。总体进度计划须配备网络图,标注关键路线和时间参数。总体进度计划和月进度计划应配备资金流量S曲线。总体进度计划、阶段进度计划和月进度计划宜按分项工程列项。分项工程进度计划宜按工序列项。

1.2.3 施工阶段的工程费用监理

(1)监理工程师必须把质量合格、符合安全和环保要求作为计量与支付的先决条件。

(2)监理工程师在计量与支付工作中,应做到客观、公正、准确地处理有关问题,并及时签证。计量支付的项目与数量应做到不漏计、不重计、不超计。

(3)监理工程师必须依据《公路工程施工监理规范》的规定和经监理工程师签认的《中间交工证书》、工程量清单等相关资料进行计量。

(4)对有质量缺陷的工程,虽不影响正常使用和安全,但监理工程师有权对工程量予以折减计量,并予以记录备案。

(5)监理工程师应依据施工单位提交的支付申请和《公路工程施工监理规范》的规定和监理工程师批准的计量报表等相关资料,受理工程支付。

(6)监理工程师应对施工单位申报的工程前期支付、中期支付和最终支付申请进行审核,并签认支付证书,报建设单位批准。

(7)对有质量缺陷的工程,虽不影响使用和安全,监理工程师有权根据《公路工程施工监理规范》的规定予以支付,并报建设单位批准。

(8)监理工程师收到施工计量申请后应及时计量,需要现场确认的项目,应由施工、建设和监理三方同时到场签认。

1.2.4 合同其他事项管理

(1)工程变更。

参加施工的任何一方要求工程变更时,应向监理工程师提交正式变更申请。对突发变更可先提出变更意向,按合同规定时间,提交正式变更申请及相关资料。

监理工程师收到变更申请后,应审查变更的合理性、合法性及准确性。当确认变更项目和费用且资料齐全时,应编制变更文件,签发变更令。

变更费用的计算,应按施工合同规定进行,否则应经建设单位和施工单位协商确定。

(2)工程延期。

凡符合合同规定的延期事件和延期意向,监理工程师应受理,并做好现场调查和日常记录。

监理工程师应要求施工单位在规定的时限内提出正式延期申请报告后,对延期发生原因及发展情况、延期测算及涉及的有关文件资料,结合现场调查和日常记录进行审核。

对于较长时间或较复杂的工程延期,可由总监办暂定延期时间,经与建设单位和施工单位协商后确定延期天数。

经建设单位、施工单位协商后由监理工程师签发《工程延期确认表》。

(3)费用索赔。

凡是符合合同规定的条件,提出的索赔意向或索赔申请,监理工程师应受理。

监理工程师应对索赔发生的原因及发展情况、索赔测算及所涉及的有关文件资料,结合现场调查和日常记录、变更令、延期确认表等文件进行审核。

监理工程师在完成审核后,应编制费用索赔报告,报建设单位同意,签发《费用索赔审批表》。

(4)价格调整和计日工。

价格调整应根据合同规定的方法执行,监理工程师应予以核定,并按有关规定执行。

计日工应在合同规定的原则下安排,监理工程师应予以核定,其发生的费用按有关规定执行。

(5)当工程出现质量或安全隐患或对环境产生不可逆转的不利影响时,监理工程师应在科学分析基础上签发《工程暂停令》,明确工程暂停范围、期限及工程暂停期间施工单位应做的工作,并报建设单位。

(6)由非施工单位原因引起的工程暂停,应在暂停原因消失、具备复工条件时,由监理工程师及时签发《复工指令》;由施工单位原因引起的工程暂停,监理工程师应要求施工单位在具备复工条件时填写《复工报审表》,经审核具备开工条件时可签发《复工指令》。《复工指令》应明确复工范围、日期及有关要求。

(7)工程分包。

监理工程师按合同规定对分包进行审查,必要时进行现场考察,审查合格后签发《工程分包申请批复单》,报建设单位批准。

监理工程师应通过施工单位对分包所进行的工程质量、工程进度、计量支付及安全施工等活动进行严格管理,同时并不免除施工单位的责任。

(8)工程保险。

监理工程师应根据合同规定,对施工单位的保险进行检查。在保险事故发生时,监理工程师指令施工单位并通知建设单位有责任尽力采取必要措施,防止或减少损失。

(9)违约处理。

在施工过程中,监理工程师发现可能发生违约事件时,应要求施工单位及时纠正,并对建设单位予以提示。

违约事件已发生,监理工程师应及时受理,调查分析,掌握情况,在各方协商的基础上,依据合同规定和有关证据评估损失,提出处理意见,报建设单位批准。

1.2.5 安全监理

(1)在分项工程、分部工程开工前,安全监理工程师(或安全环保监理工程师)应重点审查施工单位编制的分项工程、分部工程的专项施工方案,并检查施工人员安全生产教育培训情况,特种作业人员配备的数量及安全资格培训、持证上岗情况和机械设备、施工机具及配件的安全性能检测情况,审查合格后方可同意该分项工程、分部工程开工。

(2)安全监理工程师(或安全环保监理工程师)应审查分包合同中是否明确了施工单位与分包单位各自在安全生产方面的权利、义务。

(3)监理工程师在巡视、旁站过程中应检查施工单位安全保证体系的运转情况,检查的主要内容包括:

①是否落实了安全生产的责任制度、规章制度和操作规程,是否确保了安全生产费用的有效使用;

②是否配备了一定数量符合要求的专职安全生产管理人员,并按照要求进行现场监督;

③各项作业是否按照规范操作,并设置安全警示标志和说明;

④是否在施工现场建立了消防安全责任制度,确定消防安全责任人,制订了各项消防安全考核制度和操作规程;

⑤是否实施了对分包单位的安全生产管理,分包单位是否服从总承包单位的安全生产管理;

⑥是否在施工现场入口处、基坑边沿、爆破物存放处等危险部位设置明显的安全警示标志;

⑦是否如实报告生产安全事故等。

检查中发现安全事故隐患,应立即书面指令施工单位整改;情况严重的,应签发《工程暂停令》,要求施工单位暂停施工,并及时报告建设单位。施工单位拒不整改或者不停止施工的,监理工程师应及时向有关主管部门报告。

(4)分项工程、分部工程交工验收时,安全事故处理未结束的,暂不签发中间交工证书。

1.2.6 施工环境保护监理

(1)监理工程师应在巡视中随时检查施工单位制订的环境保护措施的落实情况,应检查的主要内容有:

①施工单位是否严格执行了“施工人员环保教育”;

②是否按照环境评估报告书的要求合理布设施工营地位置;

③桥梁水下作业施工的时间是否选择在枯水期或平水期;

④路基施工中是否先铺过水涵管,再筑路基;

⑤施工废水、渣土、生活污水、垃圾的处置是否合理;

⑥有无砍伐野生植物或捕猎野生动物的事件;

⑦是否按照环境评估要求尽量避免夜间施工,特别是打桩等高噪声、强振动作业施工。对固定强噪声施工机械是否采取围挡柔性减噪网或其他减噪措施;

⑧是否按照设计在拟定的取土场取土,取土完工后是否对取土场采取了有效的排水防护措施和植被恢复措施;

⑨机械设备的各类废油料及润滑油是否全部分类回收并存储,揩擦油污的固体废弃物是否集中填埋;

⑩建材堆场设置的环境合理性及运输建筑材料的车辆是否加盖篷布以减少洒落。

(2)如发现施工中出现违反环保要求的情况,应当立即发出监理指令要求施工单位整改;情况严重的,签发《工程暂停令》要求施工单位暂时停工,并及时报告建设单位。

(3)施工中发现文物,监理工程师应发出监理指令要求施工单位保护现场,立即报告当地文物保护部门,并及时报告建设单位。

(4)监理工程师应督促施工单位及时办理采伐许可证,所涉及的分项工程在办理采伐许可证后方可批准开工。在施工中监理工程师应检查施工单位是否按照采伐许可证规定的面积、株数、树种进行采伐。

(5)监理工程师应依据建设单位在施工前与监测单位签订的施工期环境监测合同,督促监测单位或建设单位按时进行环境监测,并根据监测单位提交的环境监测报告指导对施工单位环保工作的监理。

1.3 交工验收与缺陷责任期的监理

交工验收是指从监理工程师收到施工单位提交的合同工程交工验收申请之日起到交工验收签发合同工程交工证书止;缺陷责任期是指合同工程交工证书签发之日起到施工单位获得合同工程缺陷责任终止证书之日止。

1.3.1 审查交工验收申请

监理工程师应按合同及有关文件规定,审查施工单位提交的合同工程交工验收申请。当合同约定的各项内容已完成,且施工单位已按相关规定对工程质量自检合格时,总监办宜组织交工验收前的初验。

1.3.2 评定工程质量与编制监理工作报告

交工验收的初验应通过检查资料、检查工程实体确认,合同工程全部合格,各项资料齐全,工程现场已清理,工程数量已核对。初验合格后,监理工程师应及时对合同工程的质量等级进行评定,按有关规定编制监理工作报告,并提交建设单位。

1.3.3 参加交工验收

监理工程师应参加建设单位组织的合同工程交工验收,接受对监理独立抽检资料、监理工作报告及质量评定资料的检查,协助建设单位检查施工单位的合同执行情况,核对工程数量,科学公正地评定工程质量;总监理工程师应代表监理机构签署合同工程交工验收证书。

1.3.4 签认交工结账证书

合同工程交工验收证书签发后,监理工程师应认真审核施工单位提交的合同工程交工结账单,并在规定期限内签认合同工程交工结账证书,报建设单位审批。

1.3.5 缺陷责任期监理

在合同工程的缺陷责任期内,监理单位应安排监理人员检查施工单位剩余工程计划的实施,巡视检查已完工程,记录发生的工程缺陷,指示施工单位进行修复,并对工程缺陷发生的原因、责任及缺陷修复费用进行调查、确认;督促施工单位按合同规定完成竣工资料。

1.3.6 签发缺陷责任终止证书

在合同工程缺陷责任期结束,收到施工单位向建设单位提交的终止缺陷责任的申请后,监理工程师应进行检查。符合条件时,监理工程师应在合同规定的时间内会同建设单位签发合同工程缺陷责任终止证书。

1.3.7 签认最后支付证书

监理工程师收到施工单位提交的最后结账单及所附的详细证实文件后,应对施工单位已经完成的全部工程的价值,以及应该付给施工单位的其他的款项进行核查。核查后由施工单位向监理工程师提交双方同意认可的最后结账单,监理工程师据此签发最后支付证书,报建设单位审批,并抄送施工单位。

1.3.8 参加工程竣工验收

监理单位应参加工程竣工验收工作,负责提交监理工作报告,提供工程监理资料,配合竣工验收检查工作。

2 公路工程监理工作程序

为了提高公路工程的监理水平,规范公路工程的监理行为,理顺公路工程的监理工作程序及强化公路工程的监理工作质量,必须有一个合理的监理工作程序。合理的监理工作程序既有利于项目监理机构工作的规范化、程序化、制度化,又有利于建设单位、施工单位及其他相关单位与监理单位之间工作的配合与协调。施工阶段的监理工作程序见图3-1所示。

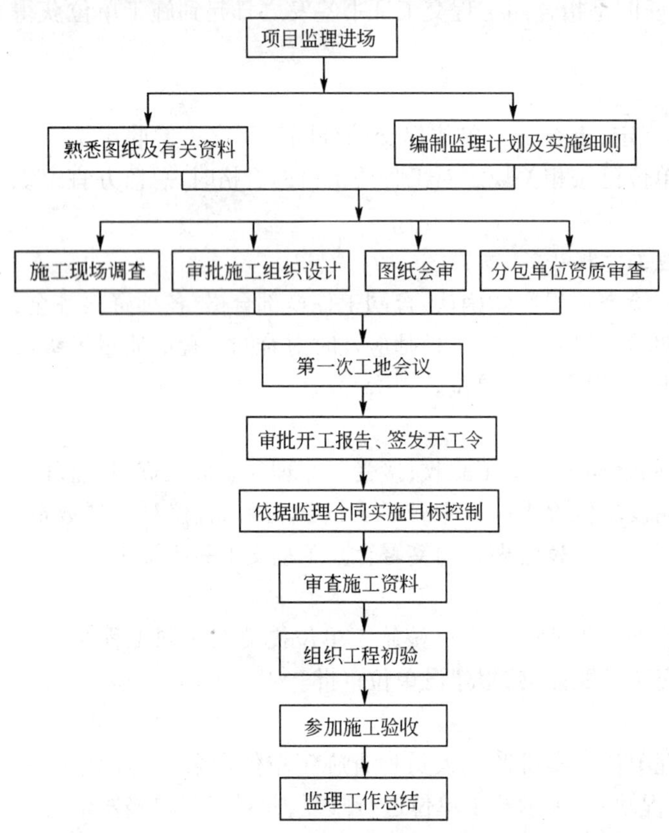

图3-1 施工阶段监理工作程序

2.1 工程开工程序

工程开工有项目开工和分部工程开工两种。

2.1.1 项目开工程序

施工单位进场后,应在签署合同协议书之日起21天内向驻地办、总监办提交项目开工报告,报告中应包括总体施工组织设计。

总监理工程师审批项目开工报告并发布开工令。总监办经认真审查施工单位提交的项目开工报告,对项目开工报告审查并批复之后,总监理工程师或其授权代表将在合同协议签署后的28天内发布项目开工令。施工单位应在收到监理工程师开工令7天内开工,然后连续均衡地施工。

2.1.2 分部工程开工

(1)分部工程的划分。

施工单位应在分部工程开工前,将本合同段的工程按交通部《公路工程质量检验评定标准》附录A中“单位、分部及分项工程的划分”的规定进行划分,统一编号后报总监办审批。

(2)分部工程开工。

施工单位应在分部工程开工14天前向驻地办提交分部工程开工报告,由驻地办发布分部工程开工令,并报总监办备案。

2.2 工程质量管理程序

公路工程质量管理控制程序流程见图3-2所示。

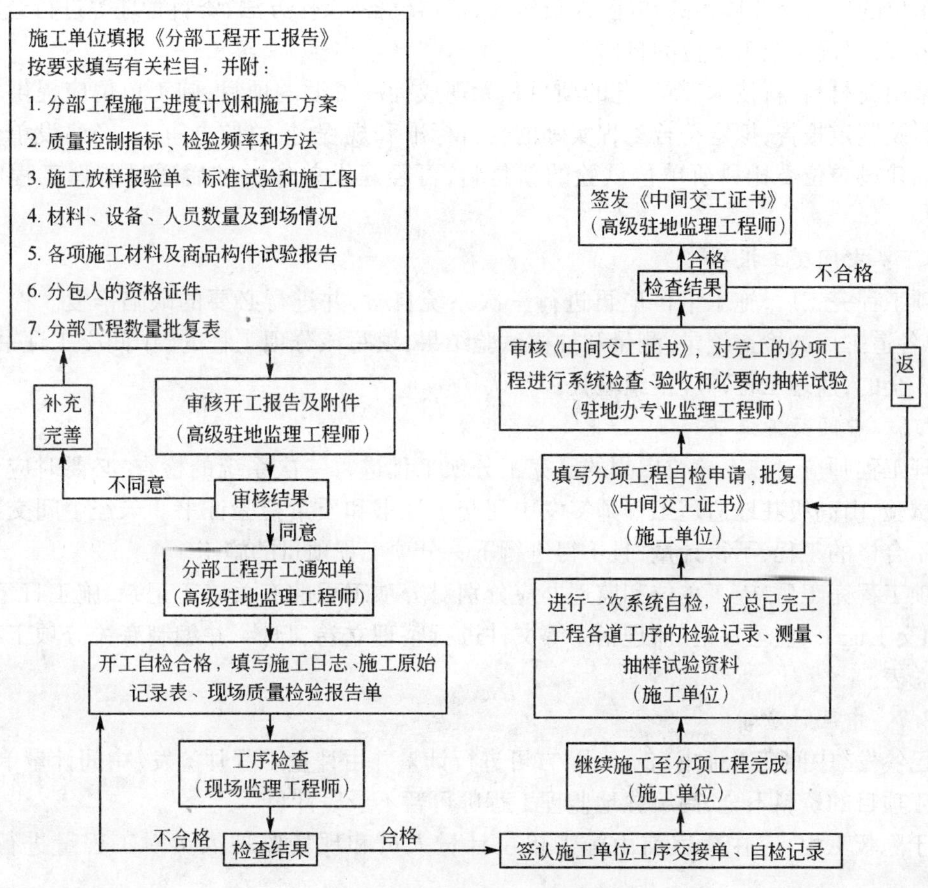

图3-2 质量控制流程图

2.2.1 审批分部工程开工申请

2.2.2 工序自检报告

施工单位及其自检人员按照经监理工程师批准的工艺流程和工序检查程序，对每道工序进行施工，填写有关原始记录并在完工后进行自检，合格后填写自检记录、《现场质量检验报告单》，报现场监理工程师检查认可。

2.2.3 工序检查认可

现场监理工程师对已完工工程工序检查认可后，签认施工单位的自检记录和《现场质量检验报告单》，如工序检查不合格，应指示施工单位返工或修复缺陷，上道工序未经检查认可不得进行下道工序的施工，也不得进行中间计量。

2.2.4 现场质量控制

施工质量及工序的检查、认定，均以现场检查记录、测量、试验数据为依据。施工单位按技术规范和工程检验评定标准规定的检验检测频率对完工工程进行检验，监理方的测量、试验人员参加施工单位的测量、试验工作，进行监督或旁站，进行有效的现场监督检查，并可利用施工单位的设备、仪器和人员，按规定进行抽检、抽测、复检、复测，以控制工程质量。

通过验证试验、标准试验、工艺试验、抽样试验、验收试验等，以及对工程定线控制、施工放样、完工验收等测量工作的监督检查和认可，进行工程质量控制。

各种试验、测量项目的方法，频率，标准等按部颁规范和合同文件中规定的技术规范进行。对施工单位的质量保证体系的功能、人员素质、仪器设备、操作方法、资料管理等进行经常有效的监督检查，以确保施工单位的自检质量。

对采用新材料、新技术、新工艺的项目和无现成标准可循的项目，施工单位应提供相关的科技资料及鉴定报告，拟定符合工程实际的暂行标准和规程，报总监办审查，经建设单位批准后使用。建设单位委托科研单位试验的新材料，可经建设单位批准后通过监理工程师下令使用。

2.2.5 中间交工报告

分项工程完工后，施工单位应再进行一次系统自检，并进行必要的缺陷修复。检查合格后，汇总各道工序的检查记录、测量和抽样试验结果，填写该分项工程的《中间交工证书》。自检资料不全的，监理工程师应拒绝验收和签认。

2.2.6 中间交工证书

监理工程师应对施工单位申报的已完工分项工程进行一次系统的检查，必要时应作测量或抽样试验，由高级驻地监理工程师签发中间交工证书和质量检验证书。未经中间交工检验或检验不合格的工程，不得计量，且不得进行下一分项工程项目的施工。

分项工程完工后，施工单位和监理办应分别对分项工程的有关施工记录、施工日记、自检表、中间交工证书、监理日记、监理指令等文件进行整理立卷、归档，并编制有关分项工程交验情况汇总表。

2.2.7 中间计量

对已签发《中间交工证书》的工程，方可进行计量并由计量工程师签发《中间计量单》。

完工项目的资料不全，高级驻地监理工程师可暂不予以计量。

对于隐蔽工程，应在覆盖前由施工单位计量人员和现场监理人员对工程量进行确定、签认。

2.2.8 现场监理

现场监理工程师应对施工单位的各项施工程序、施工方法和施工工艺以及材料、机械、配合比等进行巡视、旁站、检查，以达到对施工质量有效的监督和管理。现场监理主要包括以下工作内容。

(1)现场监理工程师或高级驻地监理工程师应在施工期间每天对施工现场巡视一次，现场发现并处理施工质量问题。

(2)对施工单位施工的隐蔽工程、重要工程部位、重要工序及工艺，应由监理工程师实行全过程的旁站监督，及时消除影响工程质量的不利因素。

(3)现场监理工程师对每道施工工序结束后及时进行检查和认定，并现场监督施工单位的试样抽取及施工记录。

(4)监理办应根据施工单位每月工作计划不定期对现场施工质量和管理工作进行检查，发现并处理工程施工质量和管理工作中存在的问题。

(5)当发现工程项目存在着技术规范所不容许的质量缺陷或发生工程质量事故时，应按《公路工程施工监理规范》的要求处理。

2.2.9 记录与表格

各原始记录应按技术规范的要求填写,现场施工技术管理人员应每日填写现场施工日记。监理日志将作为处理合同纠纷及监理工程师发出指示的重要依据,也是考核监理工程师是否称职的依据之一。因此,每个监理工程师必须认真做好此项工作,高级驻地监理工程师应随时检查。

2.3 质量事故(问题)管理程序

合同段监理工程师应努力做好施工旁站监督,帮助施工单位尽量避免工程质量事故发生,做到事前监理。在施工过程中如果出现质量事故,监理工程师应做到以下几点。

(1)尽快到达事故现场,检查事故情况,分析事故原因并对事故的前因后果做好记录。

(2)通过对事故现场的检查,分析事故的原因,及时报告高级驻地监理工程师,根据具体情况对事故做出处理,并将情况抄报总监办,通知施工单位。

对于重大事故,现场监理工程师应尽快以电话或电传形式通知总监办有关负责人,并由监理办提出意见后报总监办审查。总监办在接到监理办的质量事故处理意见后,及时报告建设单位,并会同建设单位组织专家到事故现场进行调查,了解事故的前因后果,在掌握情况的基础上,对监理办的处理意见做出批复。总监办批复对事故的处理意见后,监理办应指示合同段监理工程师监督施工单位执行,并将执行情况做好记录。

当发现在施工过程中存在的质量事故隐患时,合同段监理工程师应及时书面通报施工单位现场负责人,并要求其采取切实可行的措施消除各种可能出现质量事故的隐患。如属于施工方法问题,应要求施工单位调整施工方法,严格按照施工规范组织施工;如属于使用材料问题,则应要求施工单位更换材料,同时应做好材料使用前的质量检验工作。

当施工中出现不可预见的、可能危及施工人员生命和对国家财产造成损失的突发事故时,应及时做出处理,防止事态的发展,保护国家财产和施工人员的生命安全。

事故结束后,合同段监理工程师应督促施工单位按规定填写事故报告,合同段高级驻地监理工程师签字后报总监办备案。

2.4 计量和支付管理程序

计量支付是监理工程师三大控制目标的基础和保障,也是合同管理者的职责,计量工程师在计量支付时要严格按照合同文件的有关规定和总监办编制的计量支付程序进行。

2.4.1 分部工程数量的统计

施工单位在中标通知书发出的84天内和第一次申报计量之前,必须根据监理工程师提供的计量台账的格式和交通部《公路工程质量检验评定标准》附录A"单位、分部及分项工程的划分"结果,按支付号统计出分部工程数量,然后按支付号进行累计,并与招标时的工程量清单进行比较,对于数量相差较大的项目应说明原因。这些分部工程数量,经监理办审核、总监办审批后,作为计量的台账。除变更数量外,计量支付的控制总数量为工程量清单数量。

2.4.2 中期支付

施工单位在每月规定日期前,将上月所完成的已由监理签认的中间质量检验单和现场监理、高级驻地监理及建设单位代表审核签认的工程计量单,按规定的格式编制中期支付报表。

监理办在收到中期支付报表的7天内,由本合同段专业工程师分别对报表中数据进行核实,交高级驻地监理工程师审查签字认可,并将报表连同审查意见报总监办。如果施工单位写明的任何项目的单价、数量与监理办有差异时,则以监理办的审核意见为准,并用修改后的数据编制中期支付报表。

总监办收到合同段中期支付报表后,在7天内对所有原始数据进行审核。若本月计量的工程质量合格,中期支付报表准确,则予以签认;否则,退回中期支付报表给施工单位修改。总监办在收到施工单位编制的准确的中期支付报表的7天内,应由总监理工程师或其授权代表向建设单位和施工单位签发中期支付证书。

若中期支付证书的金额(扣除保留金和误期赔偿金额之外的施工单位到期应支付的任何金额)小于投标书附件中规定的中期支付证书的最小限额或建设单位同意的其他限额时,总监办应将此款移到下一个月,直到其批准的数额之和超过所规定的最小值。

2.4.3 总监办对中期支付报表的审核

总监办在审核施工单位的中期支付报表时,应注意以下几个方面。

(1)在施工单位按合同要求提交履约担保函并经建设单位批准之前,不能对施工单位的任何支付款额进行审核并开具证书。

(2)不应发出金额小于投标书附件中规定的最小限额的中期支付证书。

(3)根据FIDIC条款中通用条款60.9条,监理工程师可以用签发任何中期支付证书的方式对他过去签发的任何证书改正或修改。如果监理工程师认为任何正在进行的工程不符合合同要求,监理工程师有权在任何一次中期支付证书内扣除或折减该工程的价值。

2.5 工程进度监理程序

2.5.1 进度控制的目标

通过有效的进度管理,使工程在施工合同规定的工期目标内完成。进度控制包括合同工程的进度总目标和阶段性目标,总目标是合同文件规定的总体完工日期,阶段性目标是为了实现工期总目标,对各关键施工项目完工日期进行规定的进度目标。

2.5.2 进度控制的方法

(1)进度计划的编制与审查。

施工单位进场后应按照施工合同文件规定和工程实际情况编制工程总体进度计划,在施工进行到各阶段,依据总体进度计划编制年度、月度(季度)以及分项工程进度计划,提交监理工程师组织审查和批准后组织实施。

在施工单位编制、监理工程师审查审批施工进度计划时,必须依据并落实以下事项:

①施工合同规定的开工日期、竣工日期是施工招投标时确定的工期目标,是确定计划工期的基本依据,必须通过各种措施和进度计划落实到位;

②与进度计划相适应的材料、设备的供应计划和施工技术管理人员;

③投标书中确定的施工组织设计、施工方案及进度计划;

④施工现场的特殊环境及气候条件;

⑤已建成的同类工程或相似工程的实际进度情况。

具体制订进度计划时,应根据上述资料编制并对其进行优化后,经监理工程师审查批准后,方可予以实施。任何工期总目标和阶段目标的变更均须得到建设单位的批准。

(2)进度计划的实施和跟踪检查。

进度计划得到监理工程师批准后，施工单位应按照批准的进度计划和施工组织设计精心组织施工。在工程实施过程中，施工单位和监理工程师均应安排人员，对工程实际进度进行检查记录，并与进度计划相比较。当实际进度与原制定计划不符时，要及时对现场施工进行调整，加大施工投入和现场施工组织管理，使工程进度尽量符合原定的计划。进度计划流程见图3-3。

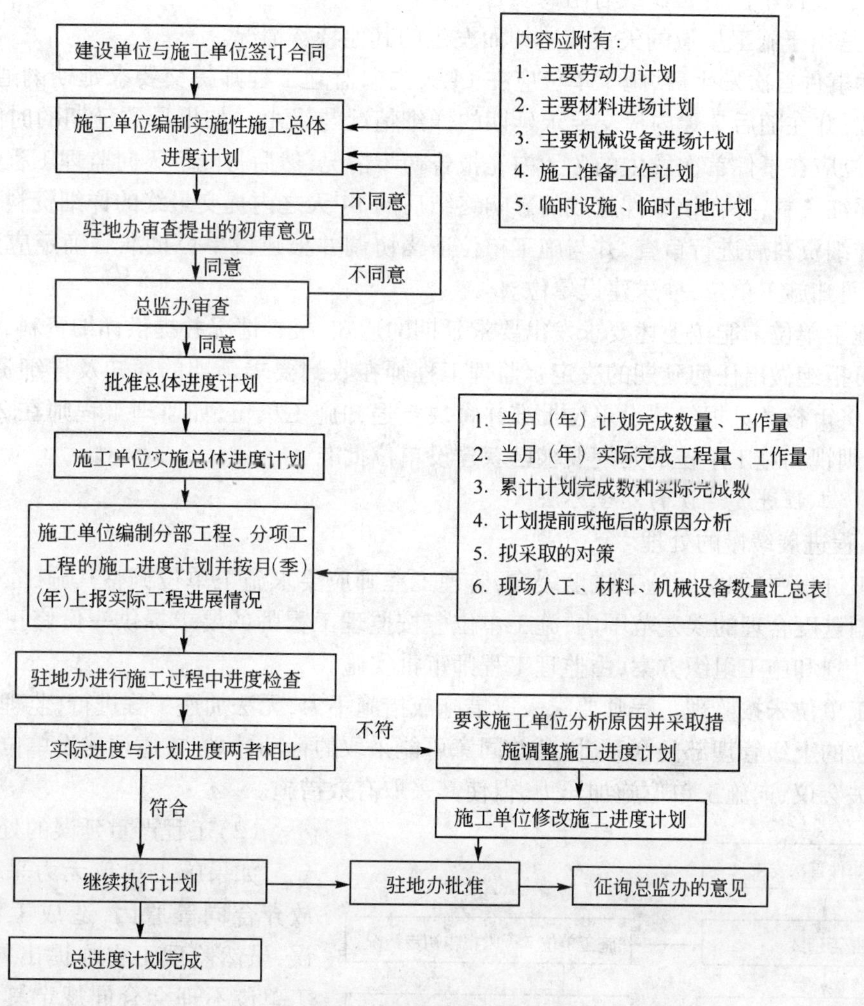

图3-3　进度计划流程图

(3)进度计划的调整。

在实施施工进度计划的过程中，由于施工单位施工组织不到位、工程现场条件变化、外界干扰、特殊气候条件影响等因素，往往实际进度与计划进度出现差距。

当出现上述情况时，监理工程师应及时对工程进度滞后的原因进行分析，如果由于施工单位原因造成工期滞后，应及时发出监理工作指令，责成施工单位调整施工，使实际进度重新回到计划进度的轨道上来；如果由于合同规定允许延期的特殊条件造成工程延误，经施工单位申请，监理工程师与建设单位协商后，应按规定同意相应工程延期，将执行中的进度计划予以部分调整，使其与实际情况相符合，以保证施工进度计划的顺利实现。

2.5.3 工程延期管理办法

由于下述原因之一影响施工进度，而且受影响的工程是处在工程施工进度网络计划的关键线路上，施工单位有权要求延长本合同工程或单项工程的工期。

(1)有额外或附加的工程量或工程性质、等级上的变更。

(2)合同条款指明可能的延误。

(3)异常恶劣的气候条件。

(4)由于建设单位的延误或者阻碍。

(5)不是由于施工单位的失误或违约而发生的其他特殊情况。

当上述事件首次发生后，施工单位应在14天内向监理工程师提交要求延期的通知，并抄报建设单位，并在随后7天内提交要求延期的详细情况与缘由。如果导致延期的时间有延续性，施工单位应在事件首次发生的7天内先报告初步情况，然后每隔7天向监理工程师提交事件进展的详细资料，并在该事件造成的影响终结后的14天之内提交最终的详细资料。监理工程师收到详细资料后进行审查，并与施工单位适当协调并报建设单位批准后确定应延长工期的天数，并通知施工单位，抄送建设单位。

如果施工单位未能按上述要求发出要求延期的通知、报告情况并提供详细资料，则事后监理工程师可拒绝做出任何延期的决定。监理工程师在收到要求延期的通知及详细资料后，应在28天内将审核意见报经建设单位批准并将决定通知施工单位，如监理工程师在28天内不予以答复，则视为施工单位的延期要求已获建设单位批准。

2.5.4 工程进度延误的处理办法

(1)工程进展缓慢的处理。

在施工过程中，如实际施工进度缓慢，监理工程师应要求施工单位调整其施工，使施工进度回到计划进度合理的误差范围内；施工单位应按监理工程师的要求提供一份修正的切实可行的进度计划和施工组织方案，由监理工程师审批实施。

若施工单位未按监理工程师要求采取措施或措施不力，无法加速工程进行，监理工程师应与施工单位的上级管理部门联系，协商并同意可能采取的行动计划，或邀请建设单位参加工地会议或相关会议，向施工单位施加压力，促使其采取有效措施。

(2)工程严重延误的处理。

如果施工单位无力采取措施或放弃合同等原因，造成工程严重延误，虽然监理工程师提出警告，但施工单位不理会合同规定其应负的责任，监理工程师应向建设单位提交相关的报告，并建议建设单位：

①将部分(或剩余)工程转包给其他施工单位；

②终止与施工单位的合同；

③按合同规定处理施工单位的上述违约事件。

工程延期审批流程见图3-4所示。

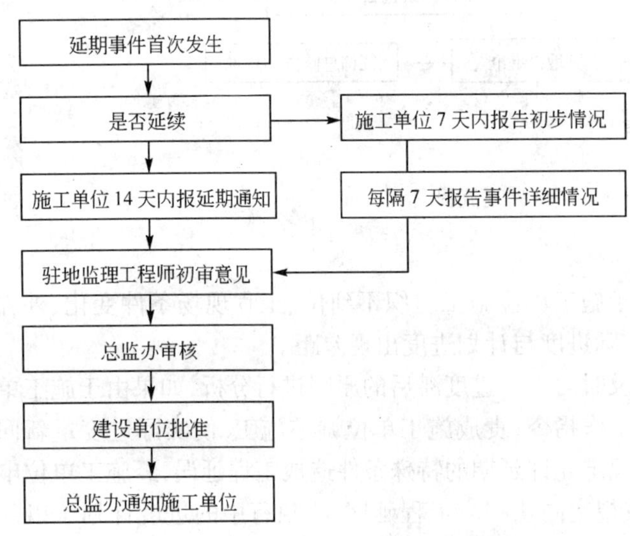

图3-4 工程延期审批流程图

2.6 工程变更管理程序

在合同执行过程中,由于某些不可预见的因素或客观环境的改变,需要对工程或其任何部分进行修改或变更,以使工程更加合理。在这种情况下,建设单位或监理工程师可对工程的任何部分进行变更,施工单位也可向监理工程师提出变更申请。

2.6.1 变更设计原则

(1)设计文件是工程项目建设和施工的主要依据,设计一经批准,不得随意更改。

(2)变更设计必须坚持高度负责的精神与严格的科学态度,在确保工程质量标准的前提下,对于降低工程造价、节省用地、加快施工进度等方面有显著作用时,应考虑变更设计。

(3)进行变更设计,事先应周密调查,备有图文资料,其深度与现设计相同,以满足施工需要,并填写"变更设计报告",详细申述变更设计理由(包括与原设计的技术经济比较),按照明确的审批权限,报请批准。未经正式批准的,不得按变更设计施工。

2.6.2 变更设计条件

凡符合下列条件之一者,可考虑变更设计。

(1)保持原设计标准质量,可降低投资或节省用地。

(2)保持原设计标准质量,不增加投资或投资增加不多,能解决特殊技术问题或对缩短工期效果明显。

(3)原设计虽然可行,但明显欠合理。

(4)由于水利、工矿、文物、环保等方面的可预见因素,必须变更原设计方案。

(5)在不增加投资的情况下,便于采用已由技术管理部门鉴定的新技术、新材料、新工艺、新设备,有利于提高工程质量标准,提高工效和促进技术进步。

(6)不增加投资或投资增加不多,有利于改善行车条件,或节省工程的维修费用,或便于日后工程改造和扩建者。

(7)其他特殊情况。

2.6.3 工程变更类别的划分

根据 FIDIC 条款中专用条款第 51.1 条,工程变更可分为以下几类。

(1)一般变更,指工程变更不改变投资,且不改变工程的技术标准,不改变重要的结构形式,不增加养护费用,不影响相关工程质量及不会因此变更而合理地预见到其他变更。

(2)重要变更,指增加或减少投资小于 50 万元的变更。

(3)重大变更,指增加或减少投资大于 50 万元(含 50 万元)的变更。

2.6.4 变更设计审批权限

(1)一般变更。

总监办审批并下达工程变更令,变更令送施工单位和建设单位。

一般变更的管理权在总监办。一般变更程序审批流程见图 3-5 所示。

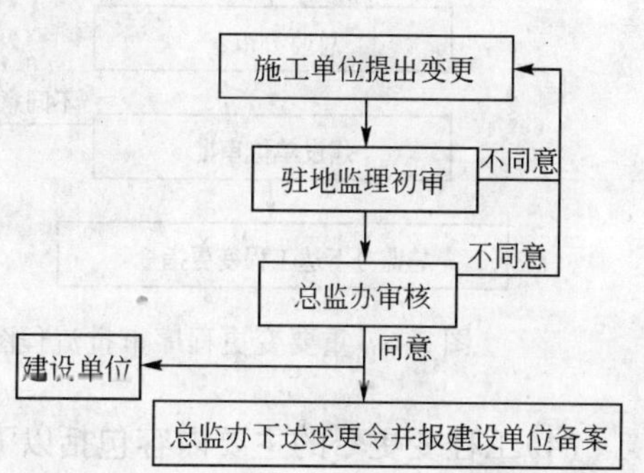

图 3-5 一般变更程序审批流程图

(2)重要、重大变更。

重要、重大变更分为申报立项和变更审批两个阶段，由建设单位组织联席会议确定，管理权限在建设单位。经建设单位审批同意后，由总监办下达工程变更令。

2.6.5　变更设计审批程序

(1)建设单位或其代表(或原设计单位、地方有关方面)提出的变更，由建设单位或其代表委托设计，设计文件交总监办。当变更数量已明确，则由总监办下达变更令给施工单位；当变更数量尚未明确，先由总监办下达变更通知，施工单位应根据现场实际地形或施工情况计算工程数量后报驻地监理审查，再由总监办下达变更令。

(2)由监理办或总监办提出，如属一般变更，则由总监办下达变更令；如属重要变更，则由总监办提出审查意见后报建设单位，得到建设单位的书面批准后，最终由总监办下达变更令。

(3)施工单位提出变更，应先填写工程变更意向申报表，并按审批权限逐级上报。监理办在收到施工单位变更意向申报表之后，按变更的种类不同，分别处理。

①一般变更。驻地监理3天内在变更意向审批表上签署后上报总监办，总监办在收到变更意向审批表后3天之内批复或作出决定，报建设单位同意后下达变更令或对变更报告作出书面答复。

②重要变更。施工单位填写变更申报审批表并附费用分析报告，驻地监理在收到施工单位填写的变更申报审批表10天内，填写变更审批表后上报总监办，总监办进行变更设计审查并在收到驻地办审批表14天内将书面意见送建设单位，建设单位在14天内将该工程变更的批复或决定书面通知总监办，由总监办在3天内下达变更令或对变更报告作出书面答复。

重要变更程序审批流程如图3-6所示。

③重大变更由施工单位提出变更设计意向申请，包括：变更的工程项目、部位；变更的原因、依据及有关文件、图纸；费用估计报告。驻地监理在收到施工单位申报的重大变更意向书7天内，填写变更审批表后上报总监办，总监办进行变更设计审查并在收到驻地监理审批表7天内将书面意见送建设单位，建设单位对变更的可行性和合理性、变更设计图纸、说明书、计算资料的准确性等进行审查后，尽快将该变更的批复或决定书面通知总监办，总监办根据建设单位审批意见，要求施工单位、驻地监理办理报批手续。

重大变更程序审批流程见图3-7所示。

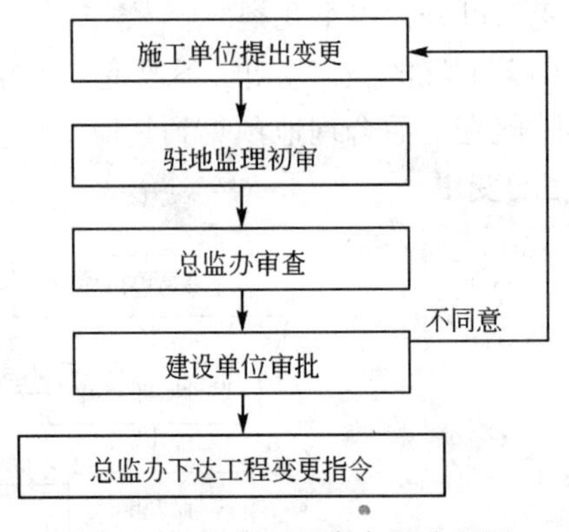

图3-6　重要变更程序审批流程图

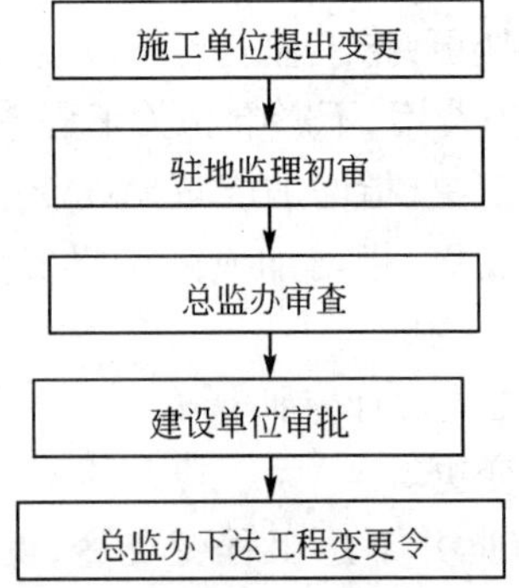

图3-7　重大变更程序审批流程图

(4)工程变更令的主要内容包括以下几个方面：

①工程变更由谁提出；

②拟变更的项目及概况；

③变更理由及详细说明；

④监理工程师和(或)建设单位对变更的意见；

⑤工程变更图纸及证明文件；

⑥变更增减费用的计算及说明、费用的支付形式等。

2.6.6 工程变更的管理

(1)驻地监理工程师的管理。

作为驻地监理工程师这级管理,无论变更来源于何方,一旦得到信息,即应着手进行有关变更资料的收集和加强现场的监督管理,以便当建设单位或总监理工程师下达书面变更通知后,能够尽快地提交给总工程师一份完整、准确反映状况的资料,为总监理工程师下一步评估变更对费用的影响及颁发工程变更令奠定基础。驻地监理工程师应注意整理收集反映工程状况的资料,包括:变更前后的设计文件、资料、图纸,有关方面的意见、信函;建设单位、施工单位、监理工程师之间来往的信函、会议记录;上级主管以及政府有关部门(例如水利部门、电力部门、消防部门等)的来往信函;工程变更前后的工程数量,包括人工、料、机配备以及现场条件变化的情况,并依据这些资料评估变更费用。对施工单位提供的变更工程量清单要认真审核,确信无误后方可建议采用何种单价标准。

①工程数量评审的依据包括变更通知及变更图纸、监理工程师现场计量的结果。

②变更工程的单价确定原则为:当工程量清单中有相同或相近项目的单价时,直接套用工程量清单单价;当工程量清单中没有相同项目单价可套用时,在监理工程师的参与下,由建设单位与施工单位根据施工合同关于单价调整的规定协商单价或价格。

③工程变更令应由下述文件组成:工程变更令及附件。工程变更令应有监理工程师认可的亲笔签字;附件包括变更前后的设计文件、资料、图纸,有关方面的信函、会议记录、纪要与文件,变更工程数量清单、计算说明书。

(2)总监办的管理。

总监办要对整个工程项目的工程变更规模在宏观上加以控制。为此,要对各驻地监理上报的工程变更在变更原因上进行进一步的推敲,确定是否需要变更设计;对重要或重大的工程变更是否成立,提供建设性意见。特殊情况下需要边报边施工的项目,总监办收到施工单位的变更设计申请后,应分清变更设计的类别,组织召开施工、监理、建设单位工地现场会确定变更设计方案,要广泛听取各方面意见,与建设单位进行协调,必要时还要牵头组成由多方代表参加的专家小组,从变更的立项到技术经济的可行性等进行全面论证和分析,对重要或重大工程变更提出审查意见;同一分项工程的所有变更必须按一个变更设计报送处理,不得分割项目,改变变更设计类别。

2.7 工程测量管理程序

2.7.1 施工准备阶段

在工程开工前,由建设单位(或监理工程师)向施工单位提供原始基准点、基准线和基准高程的数据,并现场交桩,同时应形成书面的交桩纪要。

施工单位根据建设单位提供的原始桩和原始数据,提出施工控制网建网和加密以及施工定线放样测量的方案,报监理办审查、总监办(总监代表处)审定,并根据批准的方案进行施工控制网的建立和加密以及施工放样测量,测量结果报总监办,由总监办对施工单位测量成果进行复核及审批。

监理办应对施工单位的控制网测量结果及定线和放样测量进行检查复核并报总监办批准。

2.7.2 施工阶段

施工单位在分项工程开工前进行施工测量放样,包括轴线、方位、平面尺寸和高程等测量,并将测量方案和结果报总监办批准。

监理办应认真审查施工单位施工测量放样资料,并现场进行检查,符合要求后,由总监办批准进行后续工程的施工。

分部工程开工后,施工单位应按照技术规范要求进行各道工序的控制测量和施工放样,并进行必要的检查复核。

监理办应派监理人员旁站,对施工单位的施工测量进行监督检查,对重要的工序应进行复核测量,合格后对施工单位的测量结果予以认可。

重要的工程部位,监理办测量工程师要进行测量复查,以确保重要工程部位的施工精度和质量。

2.7.3 验收阶段

施工单位应对竣工的各分项工程进行竣工测量,并将测量结果上报总监办,作为各分项工程验收的质量依据。

监理办应对分项工程竣工测量进行旁站监督或复核检查,合格后对分项工程竣工的精度和测量成果予以认定。

总监办应对重要的工程竣工测量进行旁站监督或复核,以确保主体工程的精度,并对其施工质量进行认定。

2.8 实验管理程序

2.8.1 中心试验室和施工单位工地试验室

监理中心试验室的主要任务是:制订试验管理办法,承担监理合同中规定的监理抽检试验检测工作,控制工程质量的关键性试验检测项目,对各合同段施工单位的工地试验室进行技术资格审查与业务指导。

工程开工前,施工单位应建立为满足现场进行施工质量控制和自检或其他试验所需的设施齐全、仪具配套的工地试验室。试验室应配备具有理论和实践经验的工程师负责试验工作,并接受监理工程师的监督,由施工单位管理和使用,必要时应无偿提供给监理工程师使用。

施工单位开始工作之前,应将工地试验室所在位置和面积、配备的仪器、器具等全部物品清单(含主要仪器的型号、规格、性能和说明等)报中心试验室审批。

工地实验室的仪器、器具应在开始工作前配齐,保证在工程进行期间正常运转使用。如果上述所需的仪器未能配齐而影响使用时,施工单位应临时租用并经中心试验室认可的相应试验仪器设备,或委托经中心试验室及建设单位认可的试验室进行试验。

工地试验室(流动试验室)的各种试验工作,均应统一按合同列明的或正式颁布的国家标准及部级行业标准进行。

2.8.2 验证试验

验证试验主要包括材料和构件进场时的抽样试验和施工中的随机抽样试验。

材料(原材料、成品和半成品)或商品构件订货之前,施工单位应向监理办提供生产厂家的新产品合格证及试验报告。监理办根据报告,必要时对生产厂家的生产设备、工艺及产品合格率进行现场调查，了解施工单位提供样品的试验结果，决定是否同意采购并批复；重要构件与设备须与总监办共同审定。

材料或构件运入现场后，施工单位应通知监理办按规定的批量和频率进行抽样试验，并附试验报告和产品合格证，报监理办审批。未经监理办批准使用的材料和构件一律不得用于工程。

对监理合同中规定中心试验室不能完成的复杂试验检测项目，为了确保试验的可靠性和便于管理，由中心试验室送建设单位委托的、具有交通行业试验资质的单位完成，费用按施工合同的规定由建设单位或施工单位承担，但试验检测过程监理工程师须通过有效手段予以监督，并对试验检测结果予以签认。

2.8.3 标准试验

标准试验主要包括：标准击实试验、集料级配试验、混合料的配合比试验和结构的强度试验等。

施工单位应把标准试验计划提交总监办，总监办在施工单位进行标准试验的同时或以后平行进行复核（对比）试验。

施工单位在各分项工程开工前按技术规范规定进行标准试验，并把标准试验的报告及审批表格报总监办审批，总监办应根据对比试验结果及时对标准试验进行审批。

2.8.4 工艺试验

施工单位向总监办提交工艺试验的方案和实施细则审批报告，总监办及时研究批复。监理办对施工单位的工艺试验进行全过程的旁站监理，并作出详细记录。

试验结束后由施工单位提出工艺试验报告，由监理办提出审查意见后，报总监办批准工艺方案。

2.8.5 抽样试验

抽样试验主要是施工过程的抽样检查试验，主要包括：材料的随机抽样、材料的规定抽样、材料的异常抽样（如水泥受潮）、拌和料施工参数、钢材接头和焊缝、密实度、强度等试验。

（1）施工单位应按技术规范的有关规定、标准要求，全频率抽样试验，监理办进行旁站，并签认试验结果。

（2）监理办按施工单位抽样频率的15%独立进行取样，到中心试验室或其他有资质的试验室进行复核试验，以鉴定施工单位的抽样试验结果是否真实可靠。

（3）施工现场监理人员对施工质量或材料产生疑问并提出要求时，随时进行抽样试验。

（4）总监办监理人员在现场施工检查或巡视中，根据需要可独立取样进行抽样试验。

（5）施工单位应将试验结果每月汇总上报总监办，总监办对当月所有试验结果汇总评价。

2.8.6 验收试验

各工程或工序完成后，进行规定的验收试验，主要包括桩基检验试验、路基承载力试验、路面及其基层验收试验、路基验收试验、桥梁主要构件和施工设备的验收试验、结构试验。施工单位应提前做好这些试验的准备工作。总监办会同监理办对施工单位提交的试验方案进行审查并形成意见，最后由总监办签发试验方案审批意见。监理办对试验过程进行旁站，签认试验记录，并审查试验报告，报总监办批准。

2.8.7 争端的解决

当监理中心试验室试验结果与施工单位的试验结果出现允许误差以外的差异时，一般应以监理中心试验室的试验结果为准。如果施工单位拒绝接纳监理中心试验室的结果，试验监理人员可与施工单位人员送往监理工程师委托经建设单位同意的试验室进行校核试验，并应依此作为批准或认定的依据。

2.8.8　试验检测频率及方法

现场原材料检验及监理程序框图见图3-8。

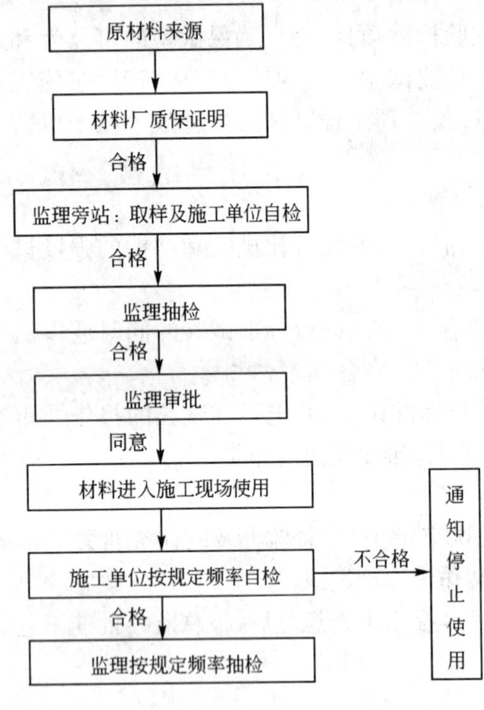

图3-8　现场原材料检验及监理程序

(1)集中制取，预拌混凝土自送货车流出点提取。由施工单位在监理工程师指导下完成一组标准试件，如果监理工程师认为必要，另加一组标准试件作为监理工程师复检之用。

(2)一般体积的结构物(如基础、墩台)，每一单元制取2组。

(3)连续浇筑大体积结构物，每80～200m或每一工作班应制取2组。

(4)每片梁长16m以下制取1组，16～30m制取2组，31～50m制取3组，50m以上至少制取5组，小型构件每批或每工作班至少制取2组，每根钻孔灌注桩至少制取2组，桩长20m以上者制取3组，桩径大、浇筑时间长时，至少制取4组，如换工作班时，每工作班都应制取2组。

(5)小型结构物，每座、每群或每工作班至少制取2组，当原材料和配合比相同，并由同一拌和站拌制时，可几座或几处合并制取2组。

一组试样的强度为组成一组试样的3个立方体的28天抗压极限强度的平均值。

2.9　文档管理程序

建立、健全科学的文件传递与归档管理制度是全面而有效地开展监理工作、严格执行合同、工程顺利进行的重要环节。各种监理文件不仅及时反映了施工进度、工程质量、费用支付等的实际情况，而且又是正确发布工程指令，解决合同纠纷的客观依据，同时还是工程竣工文件，是运营管理的重要参考资料。

2.9.1　文件的种类

(1)指令：发布重要规定，重大行政措施及人员奖惩事宜。

(2)决定、决议：对重要事项或重大行动作出安排。

(3)通知：批转或转发有关单位的文件、发布规章、传达要求有关单位办理、周知或共同执行的事项、任免和聘用人员。

(4)报告、请示：向有关单位汇报工作、反映情况、提出建议或请求。

(5)批复：答复请示事项。

(6)函：相互商洽工作、询问和答复问题。

(7)会议纪要：记载和传达会议情况和议定事项，要求与会单位共同遵守、执行。

(8)交通部《公路工程施工监理规范》中规定的各种监理表格、上级单位和总监办要求补充填报的表格。

2.9.2 文件格式

(1)文件一般由发文单位、标题、紧急程度、发文编号、签发人、主送单位、抄送单位、正文、印章、附注、发文时间等组成。

(2)监理文件必须有各级授权代表的签字并加盖公章,发文单位、主送单位、抄送单位的名称应使用全称或规范简称。

(3)各种监理表格的格式、内容按照交通部《公路工程施工监理规范》的规定和要求,进行制表和填报。

(4)正式文件、签收文件、填写表格应使用不褪色的书写材料,不能使用铅笔、圆珠笔。

(5)所有监理文件统一使用A4型纸(210×297mm),左侧装订,不能使用胶水粘贴。

2.9.3 行文应注意的问题

(1)人名、地名、数字引文要准确,引用文件应标明标题和文号。

(2)用词、用字要准确、规范,文内使用简称,一般应先用全称并标明规范简称。

(3)根据文件内容和行文对象正确使用文件种类。

(4)根据来文拟办的文件,一般应写明来文时间、文号和事由,并将来文附在文稿后面。如有前案可查,必须概述前处理情况和简附必要的相关文件。

(5)在文件上签注处理意见必须注意避开装订线。

2.9.4 文件的收发

(1)各单位必须有专人负责文件收发、管理工作,并应配相应的设备。

(2)文件在运转过程中必须严格履行登记签收手续,当面清点交接清楚,保证文件的清洁完整。

(3)如有紧急情况,可以使用电话、传真、电脑网络等形式通知、报告或请示,但事后应尽快补办正式文件。

2.9.5 文件的存档

(1)各单位要建立立卷存档制度,指定专人负责档案管理工作,并配备相应的设备。

(2)文件办理完毕后,各单位要根据交通部《公路工程施工监理规范》、《公路工程竣工验收办法》及建设单位对档案工作提出的要求,及时定稿、整理、立卷归档。

(3)文件的主办和主送单位应各自存档,各种存档文件应为原稿,如有损毁、丢失,应及时补办。

(4)所有来文发文登记除采用传统手工登记外,还应同时采用电脑登记。

2.10 竣工文件编制办法

竣工文件应依据国家计委、国家档案局、交通部发布的有关办法及规定编制。

3 公路工程监理制度

3.1 监理文件制度

根据合同条款和技术规范的一般要求,监理工程师的批示或指令必须是书面的,监理文件分为三类:指示性文件、证据性文件和辅助性文件,这三类文件之间有严格的界限。

3.1.1 指示性文件

这类文件是指监理工程师依据合同和规范下达的各类文件,包括签发的各类证书、报表、对合同和技术管理事宜的各类批准、批复以及与此有关的各类书面指示或指令。指示性文件的最终签发者是总监理工程师或总监代表。在发出或签认这些文件之前,驻地监理工程师有责任对事件进行审查,并签署意见。驻地监理工程师在工地向施工单位签发的有关书面指令,都将作为上级监理签发指示性文件的依据。

指示性文件要有严格的引文、签发、抄送制度,使各类监理指示及时传送到各有关单位,及时做到贯彻和落实。

3.1.2 证据性文件

这类文件覆盖较为广泛,包括监理工程师处理后证据的监理文件,比如:工地会议记录、计划统计报表、各类检验单据、试验记录、中间计量和中间交工证书、专题工地会议纪要、驻地监理的有关往来函件等。证据性文件的主要来源是驻地监理工程师办公室和监理试验室。这类文件的显著特点是要求及时、准确地反映工地的实际情况,以此作为监理工程师决策的依据。

由于这类文件数量很大,每天都要发生往来,因此要指定专人对有关文件进行严格的收集整理和保存。

3.1.3 辅助性文件

为了工程的顺利进行,创造良好的监理环境,采用一些辅助性文件以反映工地和监理过程中的问题,这类文件包括监理简报、工程快报、备忘录、非正式信函等。

辅助性文件中有一部分是讨论研究问题的备忘录和一些非正式的信函,对解决工程中存在的问题往往起到意想不到的效果。

3.1.4 监理文件管理中应注意的几个问题

监理工程师在使用监理文件时,应十分慎重。

(1)不能超越合同授予的权限。

监理工程师是履行当事人的权限。如果行使合同没有授予工程师权限或超出合同明确的职责,就称监理工程师违约。因此,监理工程师要很好地摆正自己的位置,谨慎、严肃地履行职责。

(2)监理文件内容的表达要符合合同文件。

合同条款的每一条、每一款的概念和指令含义都有定义和标准的解释。监理工程师在依据条款下达指示、指令时,一定要引用准确,对任何问题的批复、答复、意见、建议等均应符合合同文件,而且应概念清晰,一事一条,一事一议。用词明确,不能模棱两可,意见模糊。

(3)在合同约束的时间内下达指示。

监理文件的时间性是考核监理工作的重要方面。合同文件在涉及到监理工程师必须作出指示的地方,一般都注明了时间约束条件。如果监理工程师不能按合同规定的时间把文件送给施工单位,施工单位就可能把监理工程师的某些口头指示或施工单位的某些请示、建议、要求当作监理工程师的书面指示来遵守,这是十分危险和有害的。所以监理工程师必须遵守合同约束的时间。

(4)监理文件要保持前后一致,注意决策的连贯性。

合同文件包括技术规范、合同条款、工程量清单、图纸等,覆盖项目实施的各个领域和全过程。文件互相关联、互相依托，牵一发而动全身。因此监理工程师下达某一个具体指令时，一定要照顾到涉及横向其他各方面的规定，方方面面处理不当就可能引发合同纠纷；另外，监理工程师在做出任何一项决定时，一定要照顾到以前曾有的类似决定，并注意如今后再遇类似问题是否会带来不良效果。

(5)监理文件要程序化、规范化。

监理工程师签发的文件代表了合同法律，其严肃性也说明了对合同的负责。各级授权签发的监理文件在格式上、行文规范上一定要保持良好文风，主送、抄送、抄报都要严格推敲。被授权的总监代表或驻地监理工程师要签字盖章。

3.2 监理会议制度

监理会议是指在合同管理中，由监理工程师主持召开的会议。监理会议是做好监理工作的一种有效措施。由于会议的任务不同，监理会议通常分为第一次工地会议、工地例会、现场和专题工地会议。

工地会议应由主持单位做好记录，会议形成的纪要应由各参加单位确认，并作为合同文件的一部分。会议中决定执行的有关问题，仍应按规定的监理程序办理必要的手续。

3.2.1 第一次工地会议

(1)会议组织。

第一次工地会议应在正式开工前召开。总监办应事先将会议议程及有关事项通知建设单位、施工单位及有关单位并做好会议准备。会议应由总监理工程师主持，建设单位、施工单位授权代表必须出席，各方在工程项目中担任主要职务的人员及分包单位负责人也应参加会议。第一次工地会议应邀请质量监督部门参加。

(2)会议内容。

①在第一次工地会议上，各方应介绍人员、组织机构及联系方式。建设单位应就其组织机构、职责范围及主要人员名单提出书面文件，并宣布对监理工程师的授权。总监理工程师应向驻地监理工程师授权，并将授权书、组织机构框图、职责范围及监理人员名单提交施工单位并报建设单位。施工单位应书面提交工地代表(项目经理)的授权书、主要人员名单及人员资格材料、组织机构框图及职责范围，并在本次会议上由总监理工程师或驻地监理工程师进行审查并口头予以批准(或有保留的批准)，会后正式予以书面确认。

②施工单位在第一次工地会议之前应将施工进度计划提交总监理工程师或驻地监理工程师。总监理工程师或驻地监理工程师应对进度计划批准条件、拟批准的日期等做出说明。

③施工单位应将人员机械进场情况、试验室、施工驻地建设、施工测量、履约保函和动员预付款保函、各种保险以及其他与开工条件有关的内容及事项提出书面报告并进行陈述。总监理工程师或驻地工程师应逐项予以澄清、检查和评述。

④建设单位应就工程占地、临时用地、临时道路、拆迁、工程支付担保情况以及其他与开工条件有关的内容及事项进行说明。

⑤总监理工程师或驻地工程师应就工程质量、进度、计量支付、延期与索赔的主要监理程序、图表以及质量事故、安全事故报告、程序、报表、函件往来传递、交接程序、格式及工地会议时间、地点等进行说明。

⑥第一次工地会议结束前总监理工程师或驻地监理工程师应进行小结，小结的内容有监理单位对施工进度计划、施工准备及开工条件等方面的评述，并明确施工进度计划是否得到批

准或要进行哪些方面的补充,施工准备还存在哪些方面问题。如经会议审查后,开工条件具备,总监理工程师可签署开工令并宣布开工。

3.2.2 工地例会

(1)会议组织。

工地例会宜每月召开一次,具体时间可根据工程需要由总监理工程师或驻地工程师决定。工地例会由总监理工程师或驻地工程师主持,参加人员应为总监理工程师或驻地工程师及有关助理人员,施工单位授权代表,分包单位及有关人员,建设单位代表及有关助理人员。

(2)会议内容。

工地例会上施工单位应就工程进度、质量、计量支付以及上次会议议定事项的落实情况等,逐项进行陈述。并就工程进度、工程质量、工程费用事项等进行审查,并对延期与索赔及其他事项进行讨论。

每次工地会议应认真记录并形成纪要,工地会议纪要应由总监理工程师或驻地工程师、建设单位代表、施工单位代表进行确认并会签。

3.2.3 专题工地会议

(1)会议组织。

专题工地会由总监理工程师或驻地工程师主持,会议参加人员应为总监理工程师或驻地工程师的有关助理人员、施工单位的授权代表及有关助理人员、建设单位代表及有关助理人员、专家及其他有关人员。

(2)会议内容。

施工期内工程出现难点、重点以及安全、环保和需要协调等问题,应不定期地召开专题工地会议进行研讨。专题会议应做记录并写成纪要,纪要要由总监理工程师或驻地监理工程师、建设单位代表、施工单位代表会签,涉及合同管理和变更设计等内容仍然要按有关监理程序办理。

3.3 监理记录

监理记录是监理工作的基础工作。建立健全的监理记录是进行质量监理、进度监理和费用监理的重要环节,也是体现监理工作质量的重要依据。

一套全面、系统、完善、科学的监理记录,不仅可以反映出工程质量情况、工程进度情况、工程费用情况和施工单位的资金周转情况,还可以及时发现施工过程中存在的问题。为工程保质保量完成、工程费用的合理使用提供依据,所以监理记录既是监理工程师内部行政管理的工具,又是监督施工单位依合同办事的重要依据。

3.3.1 原始记录

原始记录主要是工程完成情况的记录。原始记录主要包括以下几个方面。

(1)工程会议记录。

各类会议的记录主要有第一次工地会议、工地例会以及专题工地会议的会议记录等。

(2)监理日志。

监理日志通常也称监理日报,它是监理人员每日工作内容的一种记录形式,作为监理工程师应该每日填写监理日志。监理日志采用统一的格式,一般主要记录以下内容:

①施工单位当日所完成的工作及开始和结束时间;

②施工的质量情况;

③当日所完成的工程量在分项工程中所占的比重；

④发生工程延误的原因；

⑤监理工程师对施工单位的口头和书面指令；

⑥工地上发生的纠纷和解决的办法方案、最终的结果；

⑦工地上出现的各类事故的详细情况；

⑧遇到的与工程有关的特殊问题；

⑨施工单位施工机械、设备的运送和转移，投标书中承包机械设备的到场、使用、完成和撤离情况；

⑩分包单位的工程情况；

⑪施工单位和分包单位的现场管理人员出勤情况；

⑫建设单位或其他有关人员、代表参观工地的有关细节，在现场所发出的指示、指令与监理工程师的口头协议；

⑬有关工程进度的问题等。

监理日志一般均应每月上交监理工程师一份，并由监理工程师写出评语。

(3)天气记录。

天气记录主要有以下内容：

①当日的最高、最低气温；

②风力风向；

③降雨降雪量及持续时间；

④其他特殊天气(如霜降、冰冻、雾等)情况；

⑤因天气变化而延误的工作时间等；

⑥其他有关记录(如水文等)。

如果工地范围大、气候条件存在较大不同时，应选择几个有代表性的地点进行实际天气观测。

(4)监理月(季)报。

监理工程师应根据工作进度情况、财务状况、存在的问题，每月(季)以报告书的格式向建设单位报告。月(季)报所陈述的问题包括已存在的或将对工程造价、质量及工期产生实质性影响的时间，报告使建设单位的有关部门对工程现状有一个比较清晰的了解。报告书中对进度比原定计划落后的分项工程和细目，说明延迟的原因以及挽回这种局面已采取或将要采取的措施。报告还包括施工单位主要职员和监理工程师主要人员的变动情况，已完成的主要分项工程和细目等。

(5)向施工单位发出的指令。

向施工单位发出的指令常采用以下形式：

①正式函件：监理工程师向施工单位发出的任何指令(特别是重要的指示)应当采用正式函件的形式下达。

②口头指令：在工程实际中，尤其是在现场，口头指令较为常见。当发出口头指令后，应作好记录，所有的口头指令，均应在事后用书面指令的形式予以确认。

(6)提供给施工单位的图纸。

任何提供给施工单位的图纸(包括草图)均应作出详细的记录，以免遗漏而延误工程，造成施工单位的索赔。同时，所有的图纸均应有副本，以便归档备查。

(7)施工单位的报告和通知。

施工单位的例行报告和报表,以及在日常工作中的各种函件、通知、报告均是工程原始记录,均应做好记录。

3.3.2 工程计量及财务支付记录

计量记录主要是记录工程计量和财务支出金额,因此计量记录必须以计量结果为准。

计量记录主要记录以下内容:

①根据合同条件、技术规范哪些内容符合计量要求,哪些已经计量,计量结果如何,哪些尚未计量,因何原因未计量;

②哪些计量内容已经签发支付证书,哪些内容尚未签发;

③需扣回的工程细目和扣回金额。

监理工程师应将施工单位每月的工程计量文件和由建设单位批复的支付文件归档并进行累计,为监理工程师进行统计和分析提供依据。

3.3.3 质量记录

质量记录主要包括试验记录、样品记录、测量记录、验收记录等。

(1)试验记录。

试验记录是对按照有关合同文件、技术规范等规定的试验项目与相应的试验结果的记录,是监理工程师对工程质量进行评定的重要依据,也是监理工程师在监理过程中,指导自己并监督施工单位的重要依据。试验记录又可分为以下几种记录:

①验证试验记录,是对材料或成品构件进行预先鉴定,以决定是否可以用于工程的试验记录;

②标准试验记录,是对各项工程的内在品质进行施工前的数据采集,包括各种关系试验、集料的级配试验、混合料的配合比试验、结构的强度试验结果等记录,它是控制和指导施工的科学依据;

③工艺试验记录,是对依据技术规范,在工程开工前对路基、路面及其他需要通过预先试验方法能正式施工的分项工程预先进行的试验结果的记录,它是全面指导施工单位施工的依据;

④抽样试验记录,是对各项工程实施中的实际内在品质进行符合性检查,包括各种材料的物理性能、混凝土的强度等测定和试验结果的记录;

⑤验收试验记录,是对各项已完工程的实际内在品质做出评定的成果的记录。

(2)样品记录。

样品记录与抽样试验记录不同,样品记录主要用于试验抽取样品的登记。样品记录一般均有标准的表格,记录样品的数目、来源、取样地点、取样深度、取样方法、容器、取样日期、样品将试验的项目和其他有关样品或试验中应注意事项的说明。样品记录一般比较简洁明了,并且容易保存。

(3)测量记录。

测量记录主要包括以下内容:

①向施工单位提供准确无误的原始基准点、基准线的基准标高,并对施工单位的定线控制测量进行监督检查和认定的记录;

②在各项工程开工之前,对施工单位的施工放线测量进行监督检查和认定的记录;

③在各项工作的施工进行中,对控制工程线的位置、标高和尺寸的环节进行监督、检查和

认定的记录；

④在各分项工程、分部工程、工程段落或总体工程项目的完工和竣工验收时进行测量检查，汇总并提出各项工程的测量误差成果资料的记录。

(4) 验收记录。

验收记录主要是指归档各类工序质量检验验收单并进行分类，为监理工程师进行质量控制和进行计量工作提供依据。监理记录在工程验收后应归类整理，作为项目竣工资料的重要组成部分。

3.4 档案管理制度

3.4.1 档案分类

监理工程师与建设单位、施工单位或指定分包单位之间有关工程质量、进度和费用的一切往来的函件和报表均应分类编号归档保存。监理工程师应督促施工单位在合同规定时间内，向监理工程师提交完整、准确、清晰的竣工图纸、资料和各类档案。档案通常分为行政档案、支付档案和技术档案。

(1)行政档案。

行政档案包括以下方面：

①监理工程师与建设单位之间的来往函件；

②监理工程师与施工单位或指定分包单位之间来往的函件、书面协议、申请批复、会议记录；

③监理工程师与技术专家之间来往的函件；

④监理工程师内部来往的函件、请求报告、报告的批复；

⑤驻地监理工程师与第三方之间的来往函件、协议；

⑥工程监理月报。

(2)支付档案。

支付档案包括以下方面：

①施工单位提出的延期索赔申请及批准的延期时间和索赔费用；

②施工单位提出的计日工计划以及批准的计日工计划和单价；

③施工单位提出的价格调整申请以及批准的价格调整指数；

④额外或紧急工程的费用计算；

⑤设计变更批准的费用计算；

⑥各类支付证书；

⑦保险单及付款收据；

⑧其他的费用支付证明；

⑨工程进度月报。

(3)技术档案。

技术档案包括以下方面：

①工程开工及停工指令；

②额外及紧急工程图纸；

③变更图纸；

④现场指令；

⑤检查记录;
⑥验收记录;
⑦试验记录;
⑧施工图纸;
⑨交工图纸。

3.4.2 档案的管理

(1)各级监理工程师办公室应由专人保管资料档案。

(2)所有资料应按规定分类建档。

资料档案应按以下分类建档:

①监理文件;
②计量支付按技术规范的章节分类;
③现场质量检验单与材料试验单分类。

(3)监理资料的收集、整理可按资料类别建立相应的登记管理台账。

(4)专业监理工程师应根据要求认真审核资料,不得接收签字、盖章不全或经涂改的报验、报审资料。审核整理后应及时交资料管理人员整理、存收。

(5)在工程监理过程中,监理资料应按单位工程立卷,分专业存放保管并编目,以便跟踪管理。

(6)监理资料的收发、借阅必须经过资料管理人员履行相应手续。

(7)监理资料应在各阶段监理工作结束后及时整理归档,除监理企业自存资料外,还应将单位工程的监理资料向建设单位移交。

(8)查阅制度。

①驻地监理工程人员可直接向资料管理员查阅;

②施工单位查阅时须经监理工程师同意后方可查阅。其他人员查阅资料须经监理工程师同意后方可查阅;

③其他单位人员,原则上不可以查阅,如确需查阅时,须经监理工程师批准方可。

④所有资料档案,不得外借,非监理工作需要不得复印。

3.5 监理报告制度

总监代表处或驻地监理办公室应每月以报告书的形式向总监理工程师办公室报告监理执行情况。总监理工程师办公室汇总总监代表处的监理报告向建设单位提交监理报告。月报告陈述的问题仅指已存在的或将对工程造价、质量及工期产生实质性影响的事件,报告能使建设单位对工程现状有一个比较清晰的了解。监理报告书中对施工单位工程进度比原定计划落后的工程项目和细目,应说明延迟的原因以及挽回这种局面已采取或将要采取的措施。月报告还应该报告施工单位主要职员和监理工程师职员的变动情况,已完成的主要分项工程和细目等。

工程监理月报告一般应包括工程描述、认可的分包单位及供应商、工程进度与工程质量、支付、监理工作执行情况、小结及附录。

3.5.1 工程描述

工程监理月报的正文前应附有一张工程位置图,图中应清晰地标明工程的具体位置;工程描述通常是简述合同的内容,第一份监理月报的工程描述应提供以下资料,后期的月报可视情况适当进行增减：

(1)项目名称、贷款号及合同号；

(2)地理位置；

(3)合同段长度，起、终桩号；

(4)线形及主要设计指标；

(5)路线及结构物的所在位置的地质情况；

(6)主要结构物的类型及数量；

(7)较小结构物及道路设施；

(8)合同的签定日期；

(9)施工单位或联合施工单位的名称及负责人；

(10)合同总价；

(11)开工通知书发出的日期及开工日期；

(12)合同规定的工期；

(13)修定的完工期，从开工到现在已过去的时间；

(14)本月的气象报告。

3.5.2 认可的分包单位及供应商

对于工程分包，材料、设备等供应商的情况在月报中应作一简单说明，分包工程应说明分包工程的哪一部分、项目名称、合同价格及分包工程占合同总价的百分率。

3.5.3 工程进度与工程质量

应提供工程整体进度及每一个主要分项的实际进度和计划进度，主要分项工程包括路基土石方、路面、大中小桥、涵洞通道，排水、防护工程及道路设施等。应按上述顺序详细说明本月份的施工情况，简要说明设备配置、材料进场情况、劳动力安排，工程质量检测试验评价及其他如质量事故、安全状况等。

3.5.4 支付

应说明本月的支付金额和累计支付金额、计日工使用及意外费用支付情况，调整的现金流动预测，价格调整，索赔处理及工程师同意的其他费用。

3.5.5 监理工作执行情况

本部分简要描述各级监理工程师办公室的服务情况，包括各级监理组织机构的在岗人数，出勤情况，工作计划安排及监理工程师的办公室、住房、设施和车辆等的状况和存在问题，以及对工程产生的或将要产生的影响。

3.5.6 小结

概略评述有关施工单位履行合同义务的表现，存在的主要问题，采取或拟采取的措施和今后的工程施工计划安排设想等。

3.5.7 附录

在月报的最后应附有合同执行表、主要进场机械表、主要工程概况表(图)。

第4章 公路工程施工试验检测与质量监理

1 公路工程施工试验检测

公路工程施工监理的中心任务是工程质量控制。监理工程师对施工质量的判断是以检测和试验数据为依据的,因此监理工程师必须设立自己的试验室,为工程施工质量起到一个检查与核实作用。监理试验室的设置,主要根据工程规模大小和施工特点,并与监理机构层次相适应,一般可分为二级管理,即建立总监办中心试验室和驻地办试验室。其中,驻地办试验室由各驻地监理工程师和中心试验室实行双层管理,在业务上受中心试验室的指导和协助。

1.1 监理试验室施工试验检测的内容

1.1.1 监理中心试验室施工试验检测的内容

(1)路基土强度试验(CBR值)。

(2)钢筋、水泥试验。

(3)路面沥青拌和料配合比设计及马歇尔试验、车辙试验。

(4)各种原材料随机抽样试验。

(5)按规定频率(驻地办抽检频率的30%)进行抽检,并计算符合率。

(6)参加各种质量检查活动。

(7)对有争议的试验项目进行复验。

(8)承担各种委托试验。

(9)参加有关科研项目及施工工艺试验。

1.1.2 驻地监理试验室施工试验检测的内容

(1)路基。

①原材料试验(填筑用土)包括:液限、塑限、塑性指数;颗粒大小分析试验;含水量试验;密度试验;相对密度试验;土的击实试验;土的强度试验(CBR值);有机质含量及易溶盐含量试验。

对特殊土,除进行以上试验外,还应结合对各种土定名的需要,辅以相应的专门鉴别试验,以确定其种类及处治方法。

②现场检测包括:现场压实度;路槽弯沉值。

(2)路面基层、底基层(及垫层)。

①原材料试验。

水泥:胶砂强度;水泥标准稠度用水量、凝结时间、安定性;水泥抗折、抗压强度试验。

石灰化学分析试验:活性有效(CaO + MgO)含量测定;残渣含量测定。

砂砾:颗粒分析;小于0.5mm以下的细土的液限、塑限;相对毛体积密度、吸水率;压碎值试验;含水量。

②混合料(无机结合料)试验包括:重型击实试验;含水量;水泥、石灰剂量测定;无侧限抗压强度试验(室内配比);延迟时间;混合料中集料级配试验。

③现场检测包括:现场压实度;配合比、灰剂量;强度;钻芯取样。

路面垫层的质量要求,与相同材料的其他公路的底基层结构要求相同(弯沉值测定)。

(3)沥青混凝土面层。

①原材料试验。

沥青:针入度;延度;软化点;闪点;含蜡量;密度;溶解度;沥青薄膜加热试验(163℃ 5h)。

碎石:压碎值试验;洛杉矶磨耗损失试验;视密度试验;吸水率试验;对沥青的粘附性试验;细长扁平颗粒含量试验;水洗法小于 0.075mm 颗粒含量试验;软石含量试验;石料磨光值试验;石料冲击值试验。

砂:筛分试验及细度模数试验;含泥量及杂质含量试验;视密度试验、容重试验;坚固性试验;砂当量试验。

石屑:石屑与砂同。

矿粉:视密度试验、容重试验;含水量试验;粒度范围试验、含泥量试验。

②混合料试验包括:马歇尔稳定度试验;流值试验;空隙率试验;沥青饱和度试验;残留稳定度试验;油石比及矿料级配试验;击实次数;车辙试验。

③现场检测包括:现场压实度;配合比、用油量;强度;钻芯取样。

(4)桥梁、涵洞及其他混凝土工程。

①原材料试验。

水泥:水泥胶砂强度试验;标准稠度用水量、凝结时间试验;安定性试验;水泥抗折、抗压强度试验。

碎石:小于 2.5mm 的颗粒含量(按质量计%)(筛分);泥土及杂质含量试验;针片状颗粒含量试验;压碎值试验;坚固性试验;筛分试验。

中(粗)砂:筛分试验;含泥量及杂质含量试验(云母含量、轻物质含量、硫化物及硫酸盐含量、有机质含量);砂的坚固性;砂的视比重试验;砂的吸水率试验;砂的容重试验;砂的含水率试验。

钢筋:抗拉强度,延伸率;抗折强度(冷弯);可焊性。

钢绞线:表面质量;直径偏差检验;抗拉强度;最大负荷;屈服负荷;伸长率;1 000h 松弛率。

锚具、夹具和连接器:预应力筋锚具、夹具和连接器应具有可靠的锚固性能、足够的承载能力和良好的适用性,能保证充分发挥预应力筋的强度,安全地实现预应力张拉作业,并应符合现行国家标准《预应力筋锚具、夹具和连接器》的要求。同时应按《公路桥涵施工技术规范》要求进行检查验收。

支座:板式橡胶支座应符合现行《公路桥梁板式橡胶支座》标准的规定。安装是相当重要的环节,应对水平面仔细校核,支座不得发生偏歪,不能脱空。盆式橡胶支座应符合现行《公路桥梁盆式橡胶支座》标准的规定。支座安装位置应准确,并注意安装平整,且盆式橡胶支座应注意其滑动方向符合设计要求。

橡胶支座在安装前,应检查产品合格证书中有关技术性能指标,如不符合设计要求时,不得使用。

伸缩缝:采用橡胶伸缩装置时,材料的规格、性能应符合设计要求。

②混凝土、砂浆:室内混凝土、砂浆配合比试验；抗压强度试验。

③现场检测:混凝土配合比;水灰比、坍落度;制件。

(5)砌石工程。

①水泥:水泥胶砂强度试验;标准稠度用水量、凝结时间试验;安定性试验。

②中(粗)砂:筛分试验;含泥量及杂质含量试验。

③片(块)石:抗压强度试验(干燥、饱水、冻融);抗冻性试验;坚固性试验。

1.2 监理试验室设备及人员的配备

1.2.1 监理中心试验室设备的配置

按规定要求,中心试验室可分为以下类别。

(1)办公兼文印室。

(2)计算机房兼资料室。

(3)沥青材料资料室。

(4)土工试验室。

(5)力学试验室。

(6)化学试验室。

(7)试验养生室。

(8)物资材料储藏室。

试验室应备有自来水、轻便炉、水箱、电灯和吊扇,对有恒温要求的试验室还必须配有空调设施。试验室应有充分和正常的水电供应以及卫生间(包括浴室)和灭火安全装置等。

1.2.2 监理中心试验室仪器配置

试验室仪器配置应按试验室的功能要求和工程规模来决定,所需仪器设备的种类和数量,一般情况下可分为以下几类。

(1)土工试验类。标准筛、液塑限联合测定仪、核子密度仪、灌砂筒、重型击实仪、击实筒、脱模器、杠竿压力仪、CBR 仪及化学分析用玻璃仪器等。

(2)沥青类。针入度仪、延伸度仪、软化点仪及薄膜烘箱等。

(3)沥青混凝土类。混合料拌和锅、马歇尔击实仪、金属试模、马歇尔稳定度仪、恒温水箱、脱模器、石料压碎值仪、取芯机及平整度仪等。

(4)水泥及水泥混凝土类。标准筛、负压筛、小型拌和机、铁制试模、振捣及养护设备、压力机、震动台及水机物理力学性质测试设备(一套)等。

(5)水稳级配碎石类。标准筛、滴定管及玻璃器皿、重型击实仪、压力机金属试模等。

(6)材料试验机系列。材料试验机应有 50kN、300kN、600kN、1000kN 几种,压力机应有 300kN、600kN、2000kN 等。

(7)计量恒器类。磅秤、杆秤、架盘天平、扭力天平、电子天平、阻尼天平及光电天平等。

(8)恒温设备。酒精温度计、水银温度计、恒温电接点温度计、红外线测温仪及激光测温仪等。

(9)除了应配置以上与试验有关的仪器设备外,还必须配置一些通用设备,如烘箱、试验电炉、酒精灯、电热板、水浴锅、电子钟、秒表、温度湿度计等。

1.2.3 监理中心试验室人员的配置

中心试验室一般可配置 4 ~ 5 名专业工程师、其中 1 名高级工程师,2 名工程师,其余可以是助理工程师或技术员，另配 2 名具有中专或高中学历的试验工，协助监理工程师进行试验工作。

1.2.4 监理组驻地试验室

对监理组驻地试验室，要求其具有一间使用面积为 60m^2 以上的房屋，主要仪器大体上与中心试验室基本相同，但数量与品种适当减少。另外还需提供试验室正常需要的、充分的水电设施。

监理组驻地试验室人员配备要求 1 名专业试验工程师，1 名监理员。另外再配备 2 名具有中专或高中学历的试验员，协助监理工程师进行试验工作。

2 公路工程质量监理方法

公路工程质量监理是对公路工程施工的各个阶段及施工中各个环节、各道工序进行严格的、系统的、全面的质量监督和管理。公路工程质量监理程序见图 4-1 所示。

(1)检查核实、签认与审批。

监理工程师在施工的全过程中，需要经常对施工单位所报送的各类报表和质量数据进行检查核实(内业)或工地现场核实(外业)。

(2)抽检试验。

抽检试验包括室内试验和现场检测两大类，它是监理工程师确认各种材料及施工部位质量的主要依据，是监理工程师坚持一切用数据说话的基础。公路工程施工质量判断，有许多必须经过取样试验才能得出结论，因此试验是监理工程师控制工程质量的一个重要手段。抽检试验的内容主要以能控制各施工项目施工质量的关键工序的质量指标为主。

(3)检测与测量。

在施工全过程中，不论是施工单位或监理工程师都离不开测量与检测。测量是监理工程师在质量监理过程中，对施工各部位的平面位置、高程、几何尺寸等进行检查和控制的重要手段，主要包括施工放样现场复核、施工过程中的跟踪测量，以及分项工程完工验收、交工验收及竣工验收中的各项检测工作。

(4)旁站。

旁站即“盯现场”，就是监理工程师在施工单位施工期间，用全部或部分时间盯在施工现场，对施工单位的各项施工活动进行跟踪监理，这种方法在公路工程质量监理工作中十分重要。

(5)工地巡视。

工地巡视是监理工程师在公路工程的施工过程中，为了解工程施工质量的全貌，利用相对较短的时间，对工程的整体(包括工程的较次要部位、较次要工序等)进行巡查、检视。这也是监理工程师进行质量监理的基本方法之一。

(6)签发指令文件。

指令文件，一方面包括施工监理过程中，监理工程师以书面文件的形式签发给施工单位提醒注意施工中存在的质量隐患或质量问题的书面文件；另一方面还包括监理工程师为保证工程质量，向施工单位发布的工程变更、补充技术标准、施工技术要求、工地会议纪要等。这些文件都直接关系到工程的质量，是进行工程质量监理必不可少的手段。

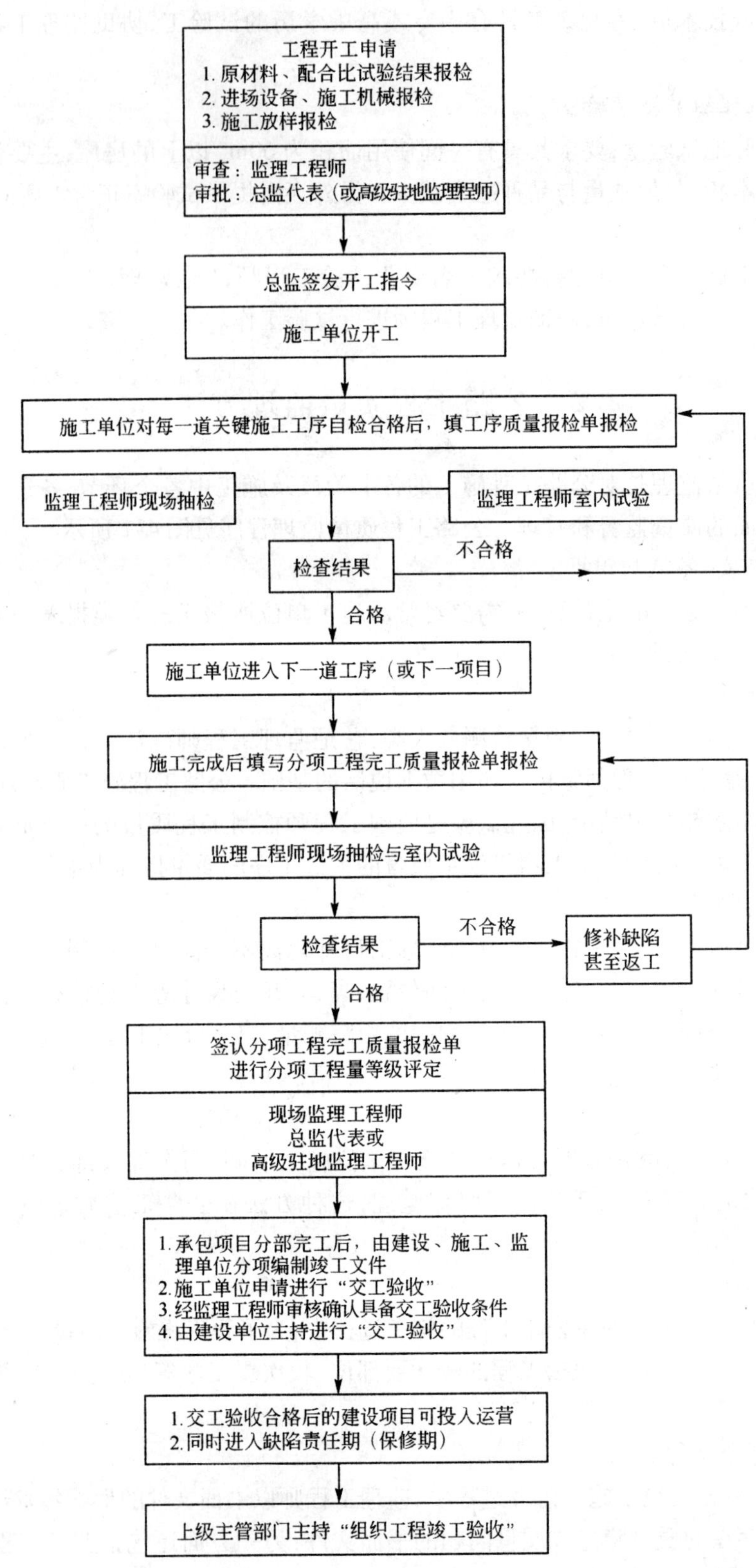

图 4-1　工程质量监理程序框图

3　施工单位质量自检与自检系统

施工自检是公路工程建设三级质量保证体系的重要组成部分，施工单位必须根据合同条款的要求，建立一个完善的质量自检系统，进行工程施工质量自检。

3.1　施工单位质量自检系统的组成

为保证工程的施工质量，我国公路工程施工实行项目法人制，因此施工单位的质量自检系统一般由以项目经理部为主体的三层次质量管理机构组成，即项目经理部设技术负责人（或总工程师）主管技术及施工技术部；施工技术部负责各工区或施工队质量检查、监督；各工区或施工队设技术员及专门质检员对施工质量进行试验、检查的三级质量自检体系。

（1）质量自检人员。

施工单位应按照合同的要求指定专门的质量自检负责人，全面负责该项目的质量自检工作；各级质量自检人员应由富有施工经验、技术熟练、熟悉图纸和规范、并且工作作风正派的技术人员担任。

（2）质量自检设备。

施工单位应配备与工程规模和结构特点相适应的自检设备（包括试验设备、测量仪器等），并应按照合同文件的规定建设各级工地试验室。

（3）质量自检依据。

施工单位自检应根据合同条款中明确的国家和交通部颁布的有关标准、规范，设计文件及监理单位签发的各种指令性文件，并应配合监理单位制定的监理工作程序，自检后报检的各个步骤进行。

3.2　施工单位质量自检的职责与要求

施工单位质量自检的职责与要求有以下几个方面。

（1）承包单位质量自检人员应对各项工程从开工准备到工程施工的各道工序至该工程完工交验及竣工文件编制期间的各个环节进行自审与自检，并配合监理工程师及时作好质量缺陷和质量事故的处理工作。

（2）自检人员应按合同规定所采用的施工规范中的抽检频率和方法，完成所规定的各项试验（包括全部室内试验、室外试验）和检测。

（3）自检人员应作好质量检查记录、施工记录、工程录相与照相，建立质量管理档案，并对各项工程的质量测试数据进行统计和分析整理，以便及时发现质量隐患和施工中存在的问题。

4　质量缺陷的调查与处理

质量缺陷是指工程中出现的质量问题，它不仅包括工程施工中存在的一般性质量缺陷，而且还包括需要部分或全部返工的重大质量事故。

在公路工程的施工中，由于种种主客观原因出现质量缺陷，甚至出现质量事故是在所难免的，监理工程师应从质量控制的要求出发进行认真的调查分析，分清质量缺陷的性质、责任，及时妥善地进行处理。

4.1 质量缺陷的处理程序

监理工程师对质量缺陷的处理必须坚持以下原则。

(1)监理工程师具有质量否决权。

(2)质量缺陷处理须事先进行调查,分清责任,以明确承担费用的归宿。

(3)施工中,前道工序有缺陷,在未经监理认可前不准进行下一道工序。

(4)施工单位必须执行监理工程师对质量缺陷的处理意见。

(5)施工单位对质量缺陷的处理方案和措施必须经过监理工程师批准方可实施。

(6)施工单位对质量缺陷的处理完成后必须接受监理工程师的检查、验收。

4.2 质量缺陷的处理方法

根据质量缺陷对工程的危害程度,可将工程施工中出现的质量缺陷分为一般性质量缺陷、较严重的质量缺陷、质量事故。监理工程师应通过现场考察、试验检测、调查分析等各种手段确定缺陷的性质,及时采取相应的处理措施。

(1)一般性质量缺陷。

一般性质量缺陷是指工程的次要部位或次要检测项目出现的质量问题,如路基填方施工时局部发现弹簧土、水泥混凝土表面的蜂窝麻面等。监理工程师发现这类质量问题时,可以向施工单位下达口头指令,责令施工单位及时进行局部处理。当处理后的工程能满足设计及验收标准的要求时,监理工程师即可验收。

(2)较严重的质量缺陷。

较严重的质量缺陷指工程中出现较大的质量隐患,难以通过局部的处理和整修予以修复,如施工中发现局部原材料质量不符合规范要求,路基、路面压实度(段平均值)未达到规范要求,或水泥混凝土路面出现断裂、涵洞基础出现裂纹、空洞等。对于这类较严重的质量缺陷,监理工程师可视情况以《质量缺陷通知单》的形式向施工单位发出书面通知或下达停工指令,责令施工单位进行返工,甚至全部推倒重作,且由此而发生的一切费用均由施工单位承担。

(3)质量事故。

质量事故是指工程施工质量出现重大隐患,并造成较大经济损失的质量问题,如桥梁钻孔灌注桩施工中出现严重断桩,挡土墙严重失稳,路基、路面严重沉陷,甚至局部坍塌等。监理工程师一旦发现此类重大事故,必须采取果断措施,责令施工单位立即停工,并下达《质量事故通知单》,同时报告建设单位组织有关人员共商处理措施。当事故较严重时,还应邀请有关专家组成专家组进行专项调查研究,以最后形成处理方案。

第5章 公路工程施工阶段质量控制监理

1 路基工程质量监理

1.1 路基工程施工准备阶段质量监理

在路基施工准备阶段，监理工作的重点是对承包单位开工前的准备工作进行检查。

1.1.1 审查施工单位的质量自检系统

(1)审查施工单位质量自检人员配备的数量与素质。

(2)检查施工单位工地试验室功能与试验设备配备的规格、品种、数量与质量，能否满足正常施工期及施工高峰期进行质量自检的需要。

(3)检查施工单位试验室及拌合站质量自检计量系统是否正确、可靠，是否通过上级质量主管部门或有关计量部门的审定与认证。

(4)临时便道、便桥是否能确保施工设备、材料、生活用品的供应。

(5)为确保安全施工，应要求施工单位设置必要的安全标志。

1.1.2 测量监理

路基开工前施工单位应做好施工测量工作，其内容包括导线、中线、水准基点复测，横断面检查与补测，水准点增设等。施工测量的精度应符合《公路路线勘测规程》的要求。

(1)导线复测。

①当原测的中线主要控制桩由导线控制时，施工单位必须根据设计文件认真做好导线复测工作。

②导线复测应采用测量精度满足要求的仪器。仪器使用前应进行校正与检验。

③原有导线点不能满足施工要求时，应进行加密，保证在施工全过程中，相邻导线点能互相通视。

④导线起讫点应与设计文件提供的结果相比较，测量精度满足设计要求。

⑤复测导线时，必须和相邻施工段的导线闭合。

⑥对有碍施工的导线点，复测后施工前应加以固定。固定桩应牢固可靠，桩位应便于架设仪器，并设在施工用地范围以外。

(2)中线复测和固定。

①路基开工前施工单位应全面恢复中线并固定路线主要控制桩，如交点、转点、圆曲线和缓和曲线的起讫点，以及起控制作用的百米桩及加桩。对高速公路、一级公路应采用坐标法恢复主要控制桩。

②恢复中线时应注意与结构物中心、相邻施工段的中线闭合，发现问题应及时查明原因，并报现场监理工程师或建设单位。

③路线的复核丈量。如发现原设计中线长度与实际复核丈量的长度出入较大时或建设单

位需局部改线时，应做断链处理，在纵断面图上相应调整纵坡，并在设计图表上的相应部位注明断链的距离和桩号。

(3)水准基点的复测、增设和路线高程复测。

①施工单位在复测路线沿线设计单位敷设的水准基点时，应与附近国家级水准点闭合，若复测结果超出允许误差范围，应及时查明原因后报告建设单位。

水准基点的闭合差应满足相关标准的技术要求，即大桥附近的水准点闭合差应满足《公路桥涵施工技术规范》的规定；高速公路和一级公路的水准点闭合差为20Lmm(L为水准路线长度，以km计)。

②沿线设置水准基点的间距一般应不大于1km，平坦地区不大于2km。

③遇下列情况，如人工构造物附近(桥位、隧道进出口、山岭哑口及其他较大的人工构造物)、高填深挖地段、工程量集中及地形复杂地段，应增设临时水准基点。临时水准基点必须符合精度要求才可使用。

④如发现个别水准基点受施工影响时，应将其移出至影响范围之外，其标高应与原水准点闭合。

⑤纵断高程复测：观测距离不得超过仪器的有效距离；观测数据必须闭合；复测点应与中桩吻合；纵断高程复测精度误差应满足相关规范的精度要求。

(4)横断面的检查与补测。

①路基施工前，应详细检查、校对横断面，加桩处应补测横断面。

②检查和补测横断面的方向，直线段与路中线垂直，曲线段为垂直于所测点的切线方向。

③通过高程测量计算出填、挖高度，并列表计算出土、石方数量。

1.1.3 路基施工放样

路基开工前，施工单位应根据恢复的路线中桩、设计文件及有关规定进行路基施工放样，钉出路基用地界桩和路堤坡脚、路堑坡顶、边沟、取土坑、护坡道、弃土堆等的具体位置桩。距路中线一定距离沿着路中线一般每隔50m设立控制桩，并注明桩号及路中心线的填挖高度，用(+)表示填方，用(-)表示挖方。

施工单位应根据施工放样后的填、挖高度进行填、挖工程量的复核计算，并将施工放样及计算结果填入“路基工程施工放样报检单”，报监理工程师审核。

1.1.4 施工机械的检查与审批

路基开工前，施工单位对已进场的路基工程施工机械的品种、规格、型号、配备数量及运行质量进行详细检查后，填“进场设备及施工机械报验单”向监理工程师报检。

监理工程师对施工单位所报检的设备及施工机械进行逐一检查审批后，方可在工程施工中使用。

1.1.5 进场材料的抽检与审批

(1)路基开工前，施工单位应修筑好去取土坑或弃土场的便涵与施工便道。

(2)确定取土坑、弃土场的地点、位置，每一取土坑可取用土方的数量，弃土场需占用的土地面积、运距及土质情况。

(3)对取土坑中可用来填筑路基的土样进行基本物理—力学性质试验，并填“进场材料报检单”报监理工程师审查与确认。

(4)监理工程师应对用于施工的路基填土进行抽检试验，确认质量合格，方可取用。

1.1.6 批准开工申请

一切施工准备工作就绪,报检手续齐全后,由施工单位填写“开工申请报检单”。经监理工程师审核,总监代表(或高级驻地监理工程师)审批后,同时下达开工指令,方可开工。

1.2 路基工程施工阶段质量监理

1.2.1 填方路基施工质量监理

(1)填方路基施工质量监理的要点。

①清表与填前压实。

在填筑路堤前,用推土机将路堤范围内原地面的坑、洞等用原地土局部回填并压实,原地面上的杂草、耕作物及地表层腐质土清除,用平地机整平。清表整平后的原地基表面,用压路机进行填前压实,并达到要求的压实度。

②严格控制松铺厚度。

填筑路堤时分层铺松土整平后,首先应检查每一松铺土层的厚度,因为它直接影响到每一层的压实厚度。对不同吨位的压路机或其他压实机械,松铺厚度与地基条件、土质、松铺土层的干密度有关,可通过现场试验段进行碾压试验后确定。每一层填土铺松土后,首先应检查含水量是否接近最佳含水量,若含水量超过最佳含水量过多(一般大于3%以上),就得进行翻松、晾晒。当松铺土层的含水量接近最佳含水量时,须经过人工或机械整平,并检查记录松铺厚度后,方可进行碾压。

③碾压、检查压实厚度及压实度。

路堤必须在整个清场宽度范围内水平分层填筑,在最佳含水量条件下,分层碾压。压路机对路基填土压实时,应遵循先轻后重,先静压后振动碾压的原则。其碾压遍数,可根据地基强度、土质、压实机具的类型而定,或视压路机碾压到填土层表面无轮迹为止(一般至少碾压4遍以上)。然后检查压实度并同时检测压实厚度。

施工单位应将检测结果向监理工程师报检,经现场监理工程师抽检、评定报检段的压实度代表值和单点极值达到标准要求时,方可进入下一层填土。

(2)填方路基施工质量监理实测项目及抽检频率。

①土方路基基本要求。

在路基用地和取土坑范围内,应清除地表植被、杂物、积水、淤泥和表土,处理坑塘,并按规范和设计要求对基底进行压实。

路基填料应符合规范和设计的规定,经认真调查、试验后合理选用。

填方路基须分层填筑压实,每层表面平整,路拱合适,排水良好。

施工临时排水系统应与设计排水系统结合,避免冲刷边坡,勿使路基附近积水。

在设定取土区内合理取土,不得滥开滥挖。完工后应按要求对取土坑和弃土场进行修整,保持合理的几何外形。

②石方工程基本要求。

石方路堑的开挖宜采用光面爆破法。爆破后应及时清理险石、松石,确保边坡安全、稳定。

修筑填石路堤时应进行地表清理,逐层水平填筑石块,摆放平稳,码砌边部。填筑层厚度及石块尺寸应符合设计和施工规范规定,填石空隙用石碴、石屑嵌压稳定。上、下路床填料和石料最大尺寸应符合规范规定。采用振动压路机分层碾压,压至填筑层顶面石块稳定,18t以上压路机振压两遍无明显标高差异。

路基表面应整修平整。填方路基施工质量监理实测项目及抽检频率参照《公路工程质量检验评定标准》。

1.2.2 挖方路基施工质量监理要点

(1)开挖前应清场并将清场土运至监理工程师指定的地点储存。

(2)挖方路堑弃土,一般应移挖作填。若设计文件无明确规定,施工单位应按监理工程师的指意处理。

(3)挖方路基应按设计的横断面及边坡坡度自上而下逐层开挖,不得乱挖、超挖和欠挖,严禁掏洞取土,不得因开挖方式不当而引起边坡失稳或坍塌。

(4)挖方路基施工,边坡修整与边坡的稳定是影响施工质量的主要工序之一。当遇到过高的边坡或挖方路段水文地质、工程地质情况不良时,应即时采取必要的应急措施或设置必要的防护工程。

(5)路堑的路床表层下为有机土、难以晾晒和压实的土或CBR值较低的土壤,不宜作路床用土时,均应清除后用质量符合规定的土壤换填。

(6)路堑路床深度范围内的压实度应达到规定的压实标准。施工时宜全部翻松,分层回填,分层压实。若含水量不足应补足、拌匀。

(7)土方路堑开挖的施工方法可采用横挖法和纵挖法进行施工。

挖方路基施工监理现场检测项目及抽检频率同填方路基。

1.2.3 软土地基质量监理要点

(1)换填地基的填筑压实要求同土方路基。

(2)砂垫层:砂的规格和质量必须符合设计要求和规范规定;适当洒水,分层压实;砂垫层宽度应宽出路基边脚0.5~1.0m,两侧端以片石护砌;砂垫层厚度及其上铺设的反滤层应符合设计要求。

(3)反压护道:填筑材料、护道高度、宽度应符合设计要求,压实度不低于90%。

(4)袋装砂井、塑料排水板:砂的规格、质量、砂袋织物质量和塑料排水板质量必须符合设计要求;砂袋和塑料排水板下沉时不得出现扭结、断裂等现象;井(板)底标必须符合设计要求,其顶端必须按规范要求伸入砂垫层。

(5)碎石桩:碎石材料应符合设计要求;应严格按试桩结果控制电流和振冲器的留振时间;分批加入碎石,注意振密挤实效果,防止发生"断桩"或"颈缩桩"。

(6)砂桩:砂料应符合规定要求;砂的含水量应根据成桩方法合理确定;应确保桩体连续、密实。

(7)粉喷桩:水泥应符合设计要求;根据成桩试验确定的技术参数进行施工;严格控制喷粉时间、停粉时间和水泥喷入量,不得中断喷粉,确保粉喷桩长度;桩身上部范围内必须进行二次搅拌,确保桩身质量;发现喷粉量不足时,应整桩复打;喷粉中断时,复打重叠孔段应大于1m。

(8)软土地基上的路堤,应在施工过程中进行沉降观测和稳定性观测,并根据观测结果对路堤填筑速率和预压期等做出必要调整。

软土地基质量监理实测项目及抽检频率见《公路工程质量检验评定标准》。

1.2.4 土工合成材料处治质量监理要点

(1)土工合成材料质量应符合设计要求,无老化,外观无破损,无污染。

(2)土工合成材料应紧贴下承层,按设计和施工要求铺设、张拉、固定。

(3)土工合成材料的接缝搭接、粘接强度和长度应符合设计要求,上、下层土工合成材料搭接缝应交替错开。

土工合成材料处治质量监理实测项目及抽检频率见《公路工程质量检验评定标准》。

1.2.5 路基边坡防护质量监理

(1)植物防护工程质量监理工作要点。

①平整土地,使绿地坡度不小于1.5%,砂质土排水坡度不小于1%。

②松土30cm。

③施基肥:松土前施入,以农家肥或腐殖质肥为宜,如用复合肥时其肥力应与农家肥肥力相当,不准使用化学单肥。施肥量每1 000m^2施用农家肥为1m^3。

④植草(播种或栽草苗)前必须整畦或浇灌一次。

⑤播种或栽苗草的品种应是图纸所规定的品种;如果更换品种,应得到项目监理工程师的书面认定。

(2)砌石防护工程质量监理工作要点。

①用于工程的砂石材料及砂浆配合比应符合有关规定。

②监理工程师应及时对施工砂浆进行抽检,作为对工程质量评定的依据。

③所有基础工程开挖到设计标高后,必须由专业监理工程师检验地基承载能力是否符合设计要求,基底是否土质均匀和未受到扰动,平面尺寸及高程是否满足设计要求。对任何不符合要求之处,均由施工单位负责处理并经监理工程师检验合格后,才能进行基础施工。

④基底必须是由施工单位填报隐蔽工程验收单,经监理工程师验收签认后才有效。

⑤干砌片石必须镶嵌密实,任何一处均不应有活动石料。

⑥浆砌片石必须砂浆饱满,表面平整,各处几何尺寸均须符合设计要求。砌体外观达到直线段顺直,曲线段圆滑。

⑦冬季施工中砂浆未达到设计强度前不得受冻(已掺外加剂除外)。

(3)挖方边坡锚喷防护监理工作要点。

①锚杆、钢筋和土工格栅的强度、数量、质量和规格必须符合设计和有关规范的要求。

②混凝土及砂浆所用的水泥、砂、石、水和外掺剂必须符合有关规范的要求,按规定的配合比施工。

③边坡坡度、坡面应符合设计要求。岩面应无风化、无浮石,喷射前必须用水冲洗。

④钢筋应清除污锈,钢筋网与锚杆或其他锚固装置连接牢固,喷射时钢筋不得晃动。

⑤锚杆插入锚孔深度不得小于设计长度的95%,孔内砂浆应密实、饱满。

⑥喷射前应做好排水设施,对个别漏水空洞的缝隙应采用堵水措施,确保支护质量。

⑦钢筋、土工格栅或锚杆不得外露,混凝土不得开裂脱落。

⑧有关预应力锚索的基本要求见相关内容,锚索非锚固段套管安装位置必须符合设计要求。

(4)锥、护坡防护监理工作要点。

①石料质量、规格应符合有关规定。砂浆所用的水泥、砂、水的质量应符合有关规范的要求,按规定的配合比施工。

②锥、护坡基础埋置深度及地基承载力应符合设计要求。

③砌体应咬扣紧密,嵌缝饱满密实。

④锥、护坡填土密实度应达到设计要求，对坡面刷坡整平后方可铺砌。

(5) 砌石工程防护监理工作要点。

①石料质量、规格及砂浆所用材料的质量应符合设计要求。

②砌块应错缝砌筑、相互咬紧；浆砌时砌块应坐浆挤紧，嵌缝后砂浆饱满，无空洞现象；干砌时不松动、无叠砌和浮塞。

(6)导流工程防护。

①所用材料的规格和质量应符合有关规定。

②导流堤(坝)的基础埋置深度及地基承载力应符合设计要求。

(7)石笼防护。

①所用材料的规格和质量应符合有关规定。

②铁丝笼的网眼尺寸应符合设计要求。

③石笼的坐码或平铺应符合设计要求。

路基边坡防护实测项目见《公路工程质量检验评定标准》。

1.2.6 路基排水工程质量监理

(1)浆砌排水沟施工监理工作要点。

①浆砌排水沟放样后的线形要流畅，出口处与自然河沟、洼地相接要顺畅，沟底纵坡符合设计要求且无积水。

②按设计要求进行伸缩缝施工，伸缩缝不能渗漏，不能对排水沟造成损坏。

③排水沟的侧墙要符合设计的坡度，且表面平整、美观、线形好。

④浆砌排水沟要保证砌体的厚度、砂浆强度、饱满度，不能有侧漏。

(2)盲沟与渗沟施工监理工作要点。

①盲沟与渗沟设置的目的是降低、拦截地下水并将拦截水排放至路基外的低洼处，因此基槽开挖后，认真检查基槽的地质情况是否与设计相符；盲沟、渗沟的平面位置及出水口是否正确；盲沟与渗沟设置是否起到降低水位和拦截地下水的作用。

②盲沟与渗沟隐蔽工程，经常性的养护、维修困难，因此施工检查、验收时，应特别注意设施内部的牢固有效。

③沟底纵坡应在规定或允许偏差范围内。

④反滤层应层次分明，进出水口应排水通畅。

(3)管节预制基本要求。

①所用的水泥、砂飞石、水、外加剂和掺合料的质量规格应符合有关规范的要求，按规定的配合比施工。

②混凝土应符合耐久性(抗冻、抗渗、抗侵蚀)等设计要求。

③不得出现露筋和空洞现象。

(4)管道基础及管节安装基本要求。

①管材必须逐节检查，不得有裂缝、破损。

②基础混凝土强度达到5MPa以上时，方可进行管节铺设。

③管节铺设应平顺、稳固，管底坡度不得出现反坡，管节接头处流水面高差不得大于5mm。管内不得有泥土、砖石、砂浆等杂物。

④管道内的管口缝，当管径大于750mm时，应在管内作整圈勾缝。

⑤管口内缝砂浆平整密实，不得有裂缝、空鼓现象。

⑥抹带前,管口必须洗刷干净,管口表面应平整密实,无裂缝现象.抹带后应及时覆盖养生。

⑦设计中要求防渗漏的排水管须作渗漏试验,渗漏量应符合要求。

(5)检查(雨水)井砌筑。

①井基混凝土强度达到5MPa时,方可砌筑井体。

②砌筑砂浆配合比准确,井壁砂浆饱满,灰缝平整。圆形检查井内壁应圆顺,抹面密实光洁,踏步安装牢固。

③井框、井盖安装必须平稳,井口周围不得有积水。

(6)土沟基本要求。

①土沟边坡必须平整、坚实、稳定,严禁贴坡。

②沟底应平顺整齐,不得有松散土和其他杂物,排水畅通。

(7)浆砌排水沟基本要求。

①砌体砂浆配合比准确,砌缝内砂浆均匀饱满,勾缝密实。

②浆砌片(块)石、混凝土预制块的质量和规格应符合设计要求。

③基础中缩缝应与墙身缩缝对齐。

④砌体抹面应平整、压光、直顺,不得有裂缝、空鼓现象。

(8)盲沟基本要求。

①盲沟的设置及材料规格、质量等应符合设计要求和施工规范规定。

②反滤层应用筛选过的中砂、粗砂、砾石等渗水性材料分层填筑。

③排水层应采用石质坚硬的较大粒料填筑,以保证排水孔隙度。

(9)排水泵站基本要求。

①地基应具有足够的承载能力,不应扰动基底土壤。

②井壁混凝土应密实,混凝土强度达到合格标准后方可进行下沉。

③沉井下沉过程中,应随时注意正位,发现偏位及倾斜时须及时纠正。

④沉井封底应密实不漏水。

⑤水泵、管及管件应安装牢固,位置正确。

路基排水工程实测项目见《公路工程质量检验评定标准》。

1.2.7 路基支挡结构物质量监理

(1)砌石、混凝土挡土墙施工监理工作要点。

①挡土墙施工时的安全和使用时的安全。

②挡土墙的平面位置、断面尺寸、基底强度、整体强度。

③砂浆、混凝土的抗压强度。

④挡土墙的外观、整体线形与路基线形是否相协调。

⑤伸缩缝和部分墙背排水设置的施工质量。

(2)加筋土挡土墙施工监理工作要点。

①加筋土挡土墙填料应符合土工、化学和电化学标准。此外,填料还应易于压实,具有良好的水稳定性与筋带之间具有足够的摩擦力。

②面板光洁、平顺美观、墙体直顺、线形流畅、板缝均匀一致。

③筋带或拉筋要顺直,连接牢固,且有抗腐蚀工艺处理;根据地理、地质环境有必要设置排水设施,以防止水对拉筋产生腐蚀作用;排水的方法采用渗沟。

(3)悬臂式和扶臂式挡土墙基本要求。

①混凝土所用的水泥、石、砂、水和外掺剂的规格和质量应符合有关规范的要求，按规定的配合比施工。

②地基强度必须满足设计要求。

③不得有露筋和空洞现象。

④沉降缝、泄水孔的设置位置、质量和数量应符合设计要求。

(4)锚杆、锚碇板和加筋土挡土墙。

①混凝土所用的水泥、砂、石、水和外掺剂的规格和质量必须符合有关规范的要求，按规定的配合比施工。

②地基强度应符合设计要求。

③锚杆、拉杆或筋带的强度、质量和规格，必须满足设计和有关规范的要求，根数不得少于设计数量。

④筋带须理顺，放平拉直，筋带与面板、筋带与筋带连接牢固。

⑤混凝土不得出现露筋和空洞现象。

(5)墙背填土基本要求。

①墙背填土应采用透水性材料或设计规定的填料，严禁采用膨胀土、高液限粘土、腐植土、盐渍土、淤泥、白垩土、硅藻土和冻土块。填料中不应含有机物、冰块、草皮、树根等杂物或生活垃圾。

②墙背填土必须和挖方路基、填方路基有效搭接，纵向接缝必须设台阶。

③必须分层填筑压实，每层表面平整，路拱合适。

④墙身强度达到设计强度75%以上时方可开始填土。

(6)抗滑桩基本要求。

①混凝土所用的水泥、砂石、水和外掺剂的质量和规格必须符合设计和有关规范的要求，按规定的配合比施工。

②施工中应核对滑动面位置，如实际位置与图纸有出入，应变更抗滑桩的深度。

③做好桩区地面截、捧水及防渗，孔口地面上应加筑适当高度的围埂。

路基支挡结构物实测项目见《公路工程质量检验评定标准》。

1.3 路基工程完工验收质量管理

1.3.1 完工验收的条件、程序及评定

进行完工验收的各项工程，应同时满足合同条款、设计文件的有关规定和技术要求，外观质量良好，并达到施工验收技术规范所规定的各个分项工程的各项验收技术指标的规定标准或允许误差。

完工验收的程序及评定如下：

(1)对每一项完工的分项工程，施工单位应按《公路工程质量检验评定标准》或建设单位提出的为本工程专用的验收标准中所规定的检测项目与检测频率，逐项进行检测。

(2)施工单位将检测成果填入“××完工质量交验单”，报监理工程师抽检与审核。

(3)监理工程师收到施工单位报送的质量交验单后，按监理单位规定的抽检频率，进行抽检与质量等级评定。

(4)按《公路工程质量检验评定标准》由监理工程师对完工交验的分项工程，进行质量等

级的评定；然后再以分项工程为基础，对分部工程、单位工程进行质量等级的逐级评定。

1.3.2　路基工程完工质量交验单

按照《公路工程质量检验评定标准》中所规定的属于路基工程中的各个分项工程的检查项目、规定值或允许偏差、检查方法和频率、权重及外观鉴定，采用有关工程监理资料的“路基工程完工质量交验单”。

2　基层、底基层质量监理

2.1　基层、底基层施工准备阶段质量监理

基层、底基层施工准备阶段监理工作主要有以下内容。

(1)原材料试验与审批。

在工程开工前，要求施工单位在所选定的料场中，取代表性样品，进行规定的各项试验，并应将试验结果报监理工程师审批。经监理工程师审查质量合格的原材料，才可批准使用。

(2)混合料配合比的审查。

施工单位在开工前，应根据经监理工程师批准使用的原材料进行混合料的配合比试验，确定满足强度要求的施工用配合比，并报监理工程师审批。监理工程师对施工单位报检的混合料配合比，经审核计算、试验验证后，批准施工用配合比，施工单位可在工程施工中使用。

(3)施工单位主要机械设备及质量状态的审查。

在开工前，施工单位应自行检查为本工程所配置的机械设备的品种、数量及运行质量，并将检查、调试结果报监理工程师审查。

监理工程师应按照报检的设备清单，按施工规范对施工机械的功能要求、数量与质量逐一进行审查，主要包括拌和设备(厂拌)、运输设备、与摊铺方式配套的摊铺机械与设备、整平机械、洒水车、压实设备(各种吨位的压路机)。

上述设备经监理工程师审查合格后，予以批准使用，对功能不全或不能满足施工精度要求的机械设备，应不允许使用。

(4)施工技术方案的审批或试验路段的方案审查。

在正式开工前，施工单位宜将本项目的施工技术方案报监理工程师审批，经监理工程师审查认为有必要试铺试验路段或开展施工前的试验研究时，施工单位应按监理工程师的审查意见实施。若没有必要进行试验段试铺或进行超前试验研究时，则应按监理工程师批准的施工技术方案进行正常施工。

(5)施工放样的数据审查与现场核实。

在工程开工前，施工单位应将恢复中线后检测的基层、底基层的施工宽度，基层、底基层的顶面高程，路肩宽度等施工放样的数据资料报监理工程师审核。监理工程师应审查、核实施工放样数据，若准确，则出据测量报告。

(6)批准施工。

基层、底基层施工前的各项准备工作就绪，确实具备开工条件，施工单位应填报“××工程开工申请报检单”报监理工程师审批。经监理工程师对施工单位报检的开工申请进行认真检查、核实，认为确实具备开工条件，监理工程师签发开工令，批准施工。施工单位在接到开工令后，应迅速组织施工。

2.2 基层、底基层施工阶段质量监理

2.2.1 施工质量关键工序监理

在基层、底基层施工中，不管施工单位采用何种施工方法，以下几道主要施工工序都是缺一不可的，只要监理工程师重点把握住了这几道工序的施工质量，就使该分项工程或施工项目的工程质量有了保证。

(1)施工准备。

①路基恢复中线。直线段每 20 ~ 50m 一桩，曲线每 10 ~ 15m 设一桩，并在两侧边缘外 0.3 ~ 0.5m 设指示桩，在两侧指示桩上用红漆标出结构层边缘的设计高。

②按规定对路基进行复测，对不合格的路段应进行整修使其达到标准，方可施工。

(2)配料。

配料必须准确，它是保证按照监理工程师批准的施工用配合比进行施工的重要保证，是混合料满足级配要求和强度要求的关键影响因素之一。

(3)摊铺。

粒料基层与底基层摊铺的是否均匀、级配料是否离析，都直接影响到碾压成型后基层、底基层强度分布的均匀性。

(4)拌和。

拌和中配料比例必须准确，它是保证满足级配要求和强度要求的关键。拌和必须均匀，它是影响基层和底基层结构强度均匀性的主要施工工序之一。

(5)压实。

压实是混合料形成强度的关键。现场压实度检测结果的代表值与极值必须满足规范所规定的压实标准，否则应予返工。

(6)整平。

整平直接影响到基层、底基层表面的平整度及厚度和标高。在整平时还应保证路拱与横坡满足设计要求。

对其他次要工序，监理亦应旁站，不可忽视。

2.2.2 基层、底基层的监理要点

(1)水泥稳定类基层、底基层施工质量监理要点。

①拌和质量。

a. 配料必须准确，以保证混合料的级配及结合料用量满足施工用配合比要求。

b. 加水拌和要均匀，并保证达到工地混合料的含水量接近最佳含水量。

c. 必要时从出料口取拌好的混合料，做水泥剂量测定及筛分试验。

②摊铺质量。

a. 摊铺混合料时应尽量避免粗、细料离析。

b. 在施工作业段内，用摊铺机摊铺混合料时，中间不宜中断。如因故中断超过了水泥初凝时间应设置施工缝。

c. 因故超过水泥终凝时间的混合料，不得使用。

d. 摊铺时取现场的拌和料制成 φ10 × 10(水泥稳定中粒土)或 φ15 × 15(水泥稳定粗粒土)的圆柱体试件，做 7d 龄期饱水抗压强度试验，并应满足强度标准要求。

e. 水泥稳定土的施工气温应不低于 5℃，并在第一次重冰冻到来之前一个月完成。

③压实质量。

压实是基层、底基层的强度形成阶段。

a. 用振动压路机、胶轮压路机在规定的终凝时间内将混合料碾压密实，并达到要求的压实度。

b. 超过终凝时间未能碾压的混合料，应予以铲除。

c. 检查压实度及压实厚度，并达到上表的压实标准，与此同时检测压实厚度是否满足设计要求。

水泥稳定粒料基层和底基层实测项目见《公路工程质量检验评定标准》。

(2)石灰、粉煤灰稳定类基层和底基层施工质量监理要点。

①土质应符合设计要求，土块要经粉碎。

②石灰和粉煤灰质量应符合设计要求，石灰须经充分消解才能使用。

③混合料配合比应准确，不得含有灰团和生石灰块。

④摊铺时要注意消除离析现象。

⑤碾压时应先用轻型压路机稳压，后用重型压路机碾压至要求的压实度。

⑥保湿养生、养生期要符合规范要求。

石灰、粉煤灰稳定粒料基层和底基层实测项目见《公路工程质量检验评定标准》。

(3)级配碎(砾)石基层和底基层施工质量监理要点。

①选用质地坚韧、无杂质碎石、砂砾、石屑或砂，级配应符合要求。

②配料必须准确，塑性指数必须符合规定。

③混合料拌和均匀，无明显离析现象。

④碾压应遵循先轻后重的原则，洒水碾压至要求的密实度。

级配碎(砾)石基层和底基层实测项目见《公路工程质量检验评定标准》。

(4)路缘石铺设施工质量监理要点。

①预制缘石的质量应符合设计要求。

②安砌稳固，顶面平整，缝宽均匀，勾缝密实，线条直顺，曲线圆滑美观。

③槽底基础和后背填料必须夯打密实。

④现浇路缘石材料应符合设计要求。

路缘石铺设实测项目见《公路工程质量检验评定标准》。

(5)路肩施工质量监理要点。

①路肩表面应平整密实，不积水。

②肩线应直顺，曲线圆滑。

③硬路肩质量要求应与路面结构层相同。

路肩实测项目见《公路工程质量检验评定标准》。

2.3 基层、底基层完工验收质量管理

2.3.1 完工验收阶段监理工作重点

(1)审查施工单位报送的各分项工程完工质量交验单中各项验收指标的合格率与实得分。

(2)监理按照规定的抽检频率，对各分项工程的各项交工验收技术指标进行抽检、现场检测。

(3)监理工程师按照施工单位自检与监理的抽检频率逐项审核计算监理认可的合格率与实得分。

(4)根据外观缺陷扣分及资料不全扣分,由监理工程师评定出已完工交验的各分项工程的质量优良等级。

2.3.2 基层、底基层完工质量交验单

路面基层、底基层完工质量交验单,见《公路工程质量检验评定标准》。

3 沥青路面质量监理

3.1 沥青路面施工准备阶段质量监理

3.1.1 原材料审核

沥青路面开工前要求施工单位对沥青路面所选用的原材料,如沥青和各种规格矿料的物理性质、级配等,进行试验后报监理工程师审核。

只有经过监理工程师审核、确认质量合格的原材料,才能在工程中使用。

3.1.2 沥青混合料配合比审批

沥青路面开工前,要求施工单位应对沥青混合料的配合比进行试验后,报监理工程师审批。

经过监理工程师审核批准的配合比,可在拌和站试拌,最后确定施工用配合比,并在工程中使用。

3.1.3 施工机械、设备的检查

开工前要求施工单位对配备用于本工程施工的各种沥青路面施工机械、设备的配备数量及运行质量,进行检查落实后,向监理工程师报检。

3.1.4 施工放样及下承层检查

施工放样包括标高测量与平面控制两项内容。沥青路面开工前,监理工程师应对施工单位的施工放样自检报告进行复核、审批。

要求施工单位对下承层(基层或底面层)进行检查,检查内容包括以下方面。

(1)下承层表面应清洁、干燥、坚实,无任何松散的石料、尘土与杂质,并不允许有油污。

(2)下承层表面应平整,当其平面凹洼的深度大于铺筑沥青面层容许误差的2倍时,应在主层料铺筑前,予以填充沥青混合料并压实。

(3)当下承层为基层时,应喷洒透层沥青,沥青用量为0.8~1.0kg/m^2。当下承层为底面层且底面层与表面层的铺筑时间间隔较长时,应喷洒粘层沥青,沥青用量为0.4~0.6kg/m^2。

3.1.5 铺筑试验路段

高速公路在正式大面积施工前应铺筑试验路段。试验路段的长度为100~200m,且宜选择在直线上。

监理工程师应对试验路段施工的全过程进行监理,检查试验路段的施工质量,并要求施工单位提出试验总结报告,报监理工程师审批。

3.2 沥青路面施工阶段质量监理

热拌沥青混凝土路面施工阶段监理工作的要点包括以下几个方面。

3.2.1 沥青混合料的拌和质量

检查沥青混合料的拌和质量，宜在拌和厂取样进行以下三项试验：马歇尔试验、抽提试验及抽提后沥青混合料的筛分试验，以检查稳定度、流值、密度、孔隙率及沥青用量、矿料配级等是否满足"热拌沥青混合料马歇尔试验技术标准"的规定和沥青混合料的级配要求。

3.2.2 控制沥青混合料的施工温度

沥青混合料的施工温度，包括沥青混合料的出厂温度、摊铺温度和碾压温度。特别是施工时的沥青混合料为粘、塑、弹性材料，温度太高使沥青混合料老化，反之不能压实成型。因此，应严格控制沥青混合料的施工温度在规范规定的相应范围之内。

3.2.3 沥青混合料的压实质量

碾压是沥青混合料质量成型的关键工序。检查沥青层的压实度是否达到沥青路面规定的压实标准，检查沥青层的压实厚度是否满足设计的路面厚度要求。

3.2.4 沥青路面平整度与抗滑系数

施工中影响沥青路面平整度的主要因素来自沥青路面下承层的平整度、沥青混合料摊铺时的平整度，以及沥青摊铺机平整度自动控制精度、沥青摊铺层的松铺厚度和沥青混合料的碾压等。只有在施工中严格控制影响平整度的各个施工环节（或工序），才能保证铺筑完成的路面具有良好的平整度。

影响沥青面层抗滑系数的因素有矿料的品质与矿料的级配、沥青层的空隙率及宏观构造深度等，以及外界环境对沥青表面层的滑溜污染程度。

热拌沥青混合料路面（即沥青混凝土路面），只要在沥青混合料的拌制、沥青混合料的摊铺、沥青混合料的碾压等几道主要工序内严格把关，就能保证沥青混凝土路面的施工质量。

3.2.5 沥青混凝土路面施工监理要点

(1)沥青混合料的拌制。

①拌和时间以30s～50s为宜，干拌时间不得少于5s。

②拌和好的沥青混合料色泽应均匀一致，所有矿料颗粒以全部裹覆沥青结合料为度，无花白料、结团成块和严重的粗细料分离现象。

③拌和好的沥青混合料应及时摊铺，若不能及时摊铺的可放入成品储存仓储存。

④应测量记录沥青混合料的出厂温度。

(2)沥青混合料的运输。

①热拌沥青混合料应用车箱清扫干净的大吨位自卸汽车运输。

②运料时应用蓬布覆盖保温、防雨、防污染。

③运距和运输能力应与沥青混合料摊铺速度相匹配。

④成品运到施工现场时应测量沥青混合料的温度。

(3)沥青混合料的摊铺。

①用于高速公路的沥青混合料摊铺机，应具有下列性能：具有自动或半自动方式调节摊铺厚度及找平装置；具有足够容量的受料斗，在运料车换车时能连续摊铺，并有足够的功率推动运输车；具有可加热的振动熨平板或振动夯等初步压实装置；摊铺机的宽度可以调整。

②沥青混合料的摊铺、碾压等温度，应符合规范的规定。

③摊铺沥青混合料时最低施工气温要求，高速公路不低于10℃。

④沥青混合料的松铺系数可根据试铺试压的方法现场确定。

⑤沥青混合料的摊铺速度，应符合2～6m/min的要求，必须缓慢、均匀、连续不断地摊铺。

⑥应取现场摊铺的混合料进行马歇尔、油石比及筛分试验，并记录取样位置、桩号层位。

(4)沥青混合料的压实及成型。

①沥青混合料的压实分为初压、复压和终压三个压实阶段，其压实机具、碾压速度应符合的规定。

②压路机应从外侧向中心碾压，相邻碾压带应重叠1/3～1/2轮宽，最后碾压路中心部分，压实全幅路宽为一遍。

当采用振动压路机对沥青混合料进行复压时，振动频率宜为35～50Hz，振幅宜为0.3～0.8mm，相邻碾压带重叠宽度为10～20cm，倒车时不得开振动，以避免混合料形成鼓包。

③应随时检查沥青层的碾压温度，路面压实成型的最高温度，应符合"热拌沥青混合料的施工温度"的规定。

④接缝施工质量控制。沥青路面的纵、横缝在施工中是不可避免的，但应设法减少施工接缝，加强接缝质量控制。

摊铺时，采用梯队作业的纵缝应采用热接缝，半幅施工不能采用热接缝时，宜加设挡板或采用切刀切齐。

上下层的纵向接缝应错开10～15m，上下层的横向接缝应错位1m以上。

纵向冷接缝处沥青混合料施工时，应将接缝处清扫干净，洒粘层油；横向接缝可采用斜接缝和平接缝两种形式，一般高速公路的上面层宜采用平接缝。

监理工程师应随时注意接缝的施工质量，使接茬处沥青面层紧密、平整、顺直。

⑤热拌沥青路面，应待摊铺层完全自然冷却，混合料表面温度低于50℃后，方可开放交通。

⑥碾压成型后，应按规定的检查项目和检查频率要求施工单位检查沥青面层的压实度和压实厚度。

(5)沥青路面施工质量试验检测。

①施工单位试验室。

施工单位施工自检试验有：

a. 马歇尔室内试验，注意严格按照规范要求控制制件温度，确保标准密度能真实反映路面压实情况。

b. 抽提试验，注意标定泄入抽提液的矿粉数量。

c. 原材料检测，包括集料规格含泥量及各力学物理指标。

d. 沥青取样，进行三大指标检测。

e. 沥青混合料，进行马歇尔试验。

②监理试验室。

监理试验室试验内容与施工单位试验室相同，监理抽检试验按施工单位施工试验室频率的20%或根据实际需要进行。

(6)沥青路面施工质量监理实测项目及抽检频率。

①沥青混凝土面层和沥青碎(砾)石面层。

混凝土面层和碎(砾)石面层的基本要求包括以下几个方面。

a. 沥青混合料的矿料质量及矿料级配应符合设计要求和施工规范的规定。

b. 严格控制各种矿料和沥青用量及各种材料和沥青混合料的加热温度，沥青材料及混合料的各项指标应符合设计和施工规范要求。沥青混合料的生产，每日应做抽提试验、马歇尔稳定度试验。矿料级配、沥青含量、马歇尔稳定度等结果的合格率应不小于90%。

c. 拌和后的沥青混合料应均匀一致,无花白,无粗细料分离和结团成块现象。

d. 基层必须碾压密实,表面干燥、清洁、无浮土,其平整度和路拱度应符合要求。

e. 摊铺时应严格控制摊铺厚度和平整度,避免离析,注意控制摊铺和碾压温度,碾压至要求的密实度。

沥青混凝土面层和沥青碎(砾)石面层实测项目见《公路工程质量检验评定标准》。

②沥青贯入式面层(或上拌下贯式面层)。

贯入式面层的基本要求包括以下几个方面。

a. 沥青材料的各项指标应符合设计要求和施工规范。

b. 各种材料的规格和用量应符合设计要求和施工规范,上拌沥青混凝土混合料每日应做抽提试验和马歇尔稳定度试验。

c. 碎石层必须平整坚实,嵌挤稳定,沥青贯入应深透,浇洒应均匀,不得污染其他构筑物。

d. 嵌缝料必须趁热撒铺,扫料均匀,不应有重叠现象。

e. 上层采用拌和料时,混合料应均匀一致,无花白和粗细分离现象,摊铺平整,接茬平顺,及时碾压密实。

f. 沥青贯入式面层施工前,应先做好路面结构层与路肩的排水。

沥青贯入式面层(或上拌下贯式面层)实测项目见《公路工程质量检验评定标准》。

③沥青表面处治面层。

沥青表面处治面层的基本要求包括以下几个方面。

a. 在新建或旧路的表层进行表面处治时,应将表面的泥砂及一切杂物清除干净,底层必须坚实、稳定、平整,保持干燥后才可施工。

b. 沥青材料的各项指标和石料的质量、规格、用量应符合设计要求和施工规范的规定。

c. 沥青浇洒应均匀,无露白,不得污染其他构筑物。

d. 嵌缝料必须趁热撒铺,扫布均匀,不得有重叠现象,压实平整。

沥青表面处治面层实测项目见《公路工程质量检验评定标准》。

3.3 沥青路面完工验收质量管理

完工验收阶段是各分项(分段)工程施工完成阶段。完工验收的目的是通过检查、评定来判断已完成的沥青面层的施工质量、外形尺寸、外观质量与设计文件要求的符合程度;完工验收的各项技术指标是否达到了施工技术规范及公路工程质量评定标准的质量要求。

3.3.1 完工验收阶段监理工作重点

(1)审查施工单位各分项工程完工质量交验单中各项验收指标的合格率与实得分。

(2)按照监理规定的抽检频率,对各分项工程的各项交工验收技术指标进行抽检、现场检测。

(3)监理工程师按逐项审核、计算认可的合格率与实得分。

(4)根据外观缺陷扣分及资料不全扣分,由监理工程师评定出交验的各分项工程的质量优良等级。

3.3.2 沥青混凝土面层完工质量交验单

沥青混凝土面层完工质量交验单见《公路工程质量检验评定标准》。

4 水泥混凝土路面质量监理

4.1 水泥混凝土路面施工准备阶段质量监理

4.1.1 审批原材料

在开工前,施工单位应在所选定的料场中取有代表性的样品,按规定的试验方法对原材料进行自检试验,检查原材料是否满足施工技术规范的要求,并将试验结果和产品质量合格证书一并报监理工程师审查。监理工程师逐一审查,必要时进行抽检试验。认证合格后,予以批准使用。

4.1.2 审批混合料配合比

在开工前,施工单位用经监理工程师批准使用的原材料进行混凝土配合比试验,以确定满足抗折或抗压强度要求混合料的施工用配合比,并报监理工程师审批。监理工程师对施工单位报检的配合比,经审核并通过试拌认证合格后,批准施工单位在工程施工中使用。

4.1.3 审查施工单位主要机械设备的配置及调试情况

在开工前,施工单位应自行检查为本工程施工所配置的主要机械设备与配套设备的数量与运行质量,并将检查、调试结果报监理工程师审查。监理工程师应按照施工单位报检的设备清单及质量自检结果,根据施工规范对混凝土路面施工精度的要求进行逐一检查,包括以下方面。

(1)混凝土混合料拌和设备。

(2)小型机具摊铺机摊铺和振实设备。

(3)滑模式摊铺机摊铺和振实及其配套机械设备。

(4)平地机摊铺和振动压路机碾压、配套的小型机具。

(5)平地机摊铺和振动压路机碾压、配套的小型机具。

(6)沥青混合料摊铺机摊铺和初步压实,振动压路机碾压;配套的小型机具。

监理工程师对选定的施工方法及配套的施工机械设备进行检查合格后,予以批准。对不能满足施工精度要求或功能不全的机具,应禁止使用。

4.1.4 模板、传力杆、拉杆制作质量检查

在混凝土路面浇筑前,应对模板、传力杆、拉杆的加工制作质量进行逐一检查。

模板应具有足够的强度和刚度。模板的高度、每块模板顶面平整度、沿长度方向的顺直度以及传力杆、胀缝板、拉杆的制作质量不超过规定的允许偏差。对加工精度不合格的模板、传力杆、拉杆均不得在施工中使用。

4.1.5 施工放样的数据审核

在模板安装之前,应复测、审核施工放样数据,确保准确无误。

4.1.6 试验板块的浇筑

对施工难度较大、缺乏施工经验的混凝土路面的施工,宜事先浇筑一块或几块试验板块。根据试验目的,从中总结经验,采集施工数据,规范施工操作,核查机具、人员的组织安排情况,为正式开工做好准备。

4.1.7 批准开工

经监理工程师审核,施工准备工作就绪,确实具备开工条件,可批准开工。

4.2 水泥混凝土路面施工阶段质量监理

4.2.1 模板的检查验收

在浇筑混凝土前,施工单位应对已经支好的模板进行详细彻底的检查,并将结果上报监理工程师审查。检查内容包括以下几个方面。

(1)支立模板要符合设计的平面位置与高程,支立准确,侧面垂直、稳固,接头紧密平顺,不得有离缝、前后错茬和高低不平等。

(2)模板的顶面应用3m直尺检查,其偏差不得超过2mm;直线段拉通线检查,偏差不应超过3mm;面板宽度、中线位置偏差不应大于2mm,高程用水准仪检查,偏差在规定范围内。

(3)模板支立好后,应各节紧密联接下来,不允许偏差,模板接缝在任何方面都不能松动,支撑稳定,钢钎牢固。

4.2.2 混凝土拌和与运输

(1)混凝土拌和设备。

对高等级公路来讲,由于设计技术标准高,质量要求严格,因此在混凝土路面施工中,监理工程师要对拌和设备有以下明确的要求。

①搅拌站的容量应能满足施工进度的要求。

②应配备自控配料装置。

③机械性能良好,运装、开关正常,计量准确,误差不应超过规范规定。

④堆料仓设计合理,各种粗、细骨料相隔清楚,无混料现象。

⑤为保证混凝土浇筑工作不中断、施工不停顿,工地应根据具体情况备用拌和机。

(2)配料。

施工配料应严格按工地试验确定、经监理工程师批准的设计配合比进行配料,试验人员应按现场各种因素的变化,随时做各种材料的试验,调整施工配料,以满足设计配合比,做试验时应注意以下几点。

①原材料的取样,应有代表性。

②天气有变化,应及时做原材料含水率试验,调整施工配合比。

③按照气候的变化(晴、日光强,每天的早、中、晚、阴、风)随时测定坍落度,掌握蒸发量,以采取措施。

(3)拌和方法。

对搅拌站操纵室的配料盘或配料指示键应随时进行检查,使之完全符合配合比通知单,操纵室工作人员无权进行配合比的更改。搅拌站操作人员应严格按监理工程师的指令进行开拌、停拌。为避免每一盘混凝土被拌和壁等吸附而影响质量,一般在拌和前,先加少量水泥、砂和水拌成水泥浆,控制值不宜太大,以够拌和壁等吸附为宜。如有多余应将砂排弃,水泥与砂之比为1:2,然后再按进行次序进料,进行正常运转。每班拌和结束或因故中断拌和1h以上,均应冲刷拌和机内壁,冲洗时可倒入适量石料,加水搅拌一定时间,再将石料卸出,使其保持清洁,如较长时间搁置不用,要有防锈措施。

混凝土原材料按质量计的允许误差为:水泥为±1%;粗细料骨为±3%;水为±1%;外加剂为±2%。

搅拌时间应由拌和机的性能和混凝土混合物和易性确定,从材料全部进入搅拌机到拌和物开始出料止的连续拌搅时间应符合规定。

(4)混凝土的运输。

运输混凝土拌和物的方法和机具的选择,应适合工程的规模和工地具体条件,应选用自卸车或混凝土搅拌运输车进行运输。运输车辆数量以摊铺工作不间断为准。混凝土在运输过程中应防止产生离析现象。

4.2.3 混凝土的浇筑

(1)卸混凝土拌和料。

在卸料之前应对运至工地的混凝土稠度及拌和的离析状态进行仔细观察,质量不符合要求的混凝土不能使用。卸料时应按下列步骤及方法进行。

①自卸车应按照指定的路线及卸料地点进行行驶和卸料,进入铺筑车道内时,自卸汽车后退进入卸料地方,并要注意不能在铺筑车道内猛制动碰撞模板及其他施工设备及设施。

②卸料堆不能离模板太近,以堆料的坡脚离模板 50cm 为宜,以防粗骨料集中在模板边,形成蜂窝。

③卸料不宜一车一堆,应一车多堆,尽可能地减少大堆使混凝土密度不均匀,要求自卸汽车缓缓起高卸料,有经验的可采取行走卸料的方法,但必须注意,行走卸料的厚度应满足摊铺厚度并有一定的余高,个别地方还需人工补料,应采取“扣锹”的方法,禁止采用反锹的方法。

(2)布料。

进行布料工作时,应注意下列几点。

①混凝土拌和料的摊铺厚度要以振捣机具的振捣影响深度来确定,要求对摊铺厚度进行鉴定(钻孔取芯、锯面板厚度等),如不能满足密度的要求应分层铺筑,分层铺筑时下层厚为总厚的 3/5,上部为 2/5。分两层铺筑时要注意铺筑长度,一般铺筑速度控制在下层混凝土初凝之前,以 10 ~ 20m 为宜。

②如设钢筋网时,分层铺筑应以钢筋网片设计高度位置进行分层,即第一层厚度为钢筋网片设计高度位置加钢筋的沉落度,第二层完成铺筑厚度。

③根据混凝土拌和料的稠度,正确确定布料厚度是保证混凝土面板施工质量的关键一环,也是减轻人工工作强度的首要问题,因此在施工中要不断进行摸索,不断总结经验,不断试验、验证,取得真正满足质量要求的布料高度。一般情况下布料高度等于面板设计厚度增加 20% ~ 30%。人工布料除设有钢筋网外,一般采取一层施工,但布料厚度一定要掌握好,一般情况下采取宁低勿高的办法,因为靠人工铲除已经振过的混凝土拌和料的劳动强度大且影响混凝土的均匀性,而补充料就容易多了。要注意布料长度应与后续工序紧紧地衔接,不宜过长而增加工作的难度。

④沿模板及传力杆组装件附近布料时,注意不要使离析的混凝土集中在这些地方,同时还必须注意机具不要使用模板及传力杆组装件变形、移位,要求操作人员在靠近模板及传力杆组装附近采用多次布料的办法,以免钢筋和模板变形、移位,影响混凝土面板的质量。

(3)混凝土接缝施工及拉杆钢筋网的安装。

①角隅钢筋施工。安放角隅钢筋时,将弯曲好的钢筋放在已经摊铺一层混凝土拌和物的面上,摊铺高度应比钢筋设计位置预加一定的沉落度,一般高出设计位置 2 ~ 3cm,然后在两端弯起处用混凝土拌和料压住,再继续进行混凝土摊铺。

②钢筋网施工。由于受力需要,在板体布置钢筋网时,其位置应根据受力情况而定,可靠近板面或板底,施工时应严格按照设计位置安装。由于钢筋网片面积较大,要注意运输过程中的变形问题。

③纵缝施工。由于纵缝施工比较简单,因此规范未作详细说明,但在安装纵缝拉杆时应注意:纵缝拉杆钢筋与路线中心线垂直,且拉杆的中心位置与分车道块的中心位置吻合,安装时应先用线绳拉出正确位置,然后摆钢筋,钢筋的中心位置、间距应正确。在设置拉杆时,如为两层施工,可将拉力杆放在第一层的面上,再进行第二层施工,如全幅一次性铺筑施工可用拉杆压入设置。

④胀缝施工。胀缝应与路面中心垂直,缝壁必须垂直、缝宽均匀等,施工规范要求有切缝法施工及压缝法施工两种,而在施工中一般采用切缝施工,传力杆的设置严格按下列要求进行:

a. 胀缝施工所需挡板必须钢制,且保证有一定的强度,在混凝土侧压力作用下不产生挠度形变。

b. 固定挡板用的铁桩距离宜50cm左右。挡板与铁桩之间要放方木,贯通整胀缝,以起到稳固挡板的作用。

c. 为不使传力杆移动,在接缝处应仔细轻轻摊铺混凝土,并用振捣棒捣实,接缝另一侧的滑动传力杆上面放一块薄木板,以防混凝土洒落在传力杆上。

(4)混凝土振捣与整平。

混凝土的振捣应注意以下几点。

①摊铺好的混凝土应迅速地利用振捣棒及平板振捣器等均匀并充分振捣,此时板边、角隅、接缝及设钢筋处应特别小心。对于面板宽度为4~5m时,一般需要的扦入式振捣棒数量为2~3只(面板宽度的一半),平板振捣器需2台(2.5kW左右)。

②振捣时应充分振捣到表面泌出砂浆,但不能产生过振。

③扦入式振捣器振捣时不可离模板太近,以免模板变形。

混凝土的整平工序大致分为粗整平及精光整平两个步骤。

①振动梁主要作用是提浆刮平。

②在插入式振捣器振好后,再用平板振捣器大致振平。

③施工接头处(或胀缝)精抹须细心,保证新旧接缝的平顺,如果混凝土撒落到旧混凝土面板上应立即用扫帚清除,扫除时要防止浮浆进入新铺混凝土表面,再用铁抹从接缝处向新铺面一个方向重复抹压,直到新旧表面完全平顺为止。

④严禁洒水、撒水泥等非正常操作,防止造成混凝土面板的不均质,形成混凝土面板缝裂皮、车辙等病害。

4.2.4 水泥混凝土路面质量监理实测项目及抽检频率

水泥混凝土路面的基本要求包括以下几个方面。

(1)基层质量必须符合规定要求,并应进行弯沉测定,验算的基层整体模量应满足设计要求。

(2)水泥强度、物理性能和化学成份应符合国家标准及有关规范的规定。

(3)粗细集料、水、外掺剂及接缝填缝料应符合设计和施工规范要求。

(4)施工配合比应根据现场测定水泥的实际强度进行计算,并经试验,选择采用最佳配合比。

(5)接缝的位置、规格、尺寸及传力杆、拉力杆的设置应符合设计要求。

(6)路面拉毛或机具压槽等抗滑措施,其构造深度应符合施工规范要求。

(7)面层与其他构造物相接应平顺,检查井井盖顶面高程应高于周边路面1~3mm。雨水口标高按设计比路面低 5 ~ 8mm,路面边缘无积水现象。

(8)混凝土路面铺筑后按施工规范要求养生。

水泥混凝土面层实测项目见《公路工程质量检验评定标准》

5 涵洞与通道工程质量监理

5.1 涵洞及通道工程质量监理要点

5.1.1 开工申请报告

在涵洞及通道工程开工前,施工单位应在合同规定的时间内书面递交开工申请报告。报告的内容主要有构造物名称、桩号、施工人员、机具、材料、试验和图纸等情况及施工放样书面资料等。

5.1.2 监理工程师的分工及职责

根据工程规模及监理组织机构,监理工程师一般分工为:涵洞工程由道路工程师负责现场监理并配备必要的现场监理人员;通道及小桥工程由结构工程师负责现场监理,并配备必要的现场监理人员;施工放样的复核测量应由测量工程师负责进行,复核测量内容由测量工程师与道路工程师或结构工程师确定,测量工程师应把检查和复核结果报高级驻地监理工程师,并通知有关的专业工程师;材料检查试验、混凝土配合比的复核、现场的试验检测,应由试验工程师负责,并将试验结果报告专业工程师,由专业工程师签发工序报检单。

5.2 拱涵工程施工质量监理要点

5.2.1 准备工作

(1)料石:加工的石料应分层堆放,便于检查、使用,不合格的石料清除出现场。

(2)片石、镶面石、拱石、角石的尺寸和加工质量,应符合设计要求和规范规定的质量标准。

(3)检查石料的整体性,风化、石锈情况,节理、裂缝程度。

(4)抽样检查石料抗压强度。

(5)基底的承载力、整平、垫层等验收合格后,方可进行下一道工序。

(6)测量放样,轴线监理复测。

(7)砌筑砂浆的配合比,试件抗压强度报告,多种级别的砂浆在每一个项目上必须提供,监理旁站检查,现场签认。如用混凝土浇筑侧墙和拱圈,必须有足够组数的试件强度报告。

5.2.2 砌筑工艺的监理

(1)砌筑段落划分、分层、平面布置及高程控制。

(2)拱架的强度和稳定性,拱架的预压,卸架程序。

(3)拱圈砌筑程序,空缝设置等。

(4)砌筑采用的方法确定,如坐浆挤浆法,不准放石灌浆,石料不准直立贴皮使用,灰浆饱满情况,砌缝情况等。

(5)砌筑沉降缝、变形缝、泄水孔、排水管情况,反滤层的设置。

(6)墙身、拱圈的养生方法和时间。

(7)墙身和拱顶填土的时间和填土方法的控制。

5.2.3 拱涵浇(砌)筑施工监理实测项目及抽检频率

(1)涵洞总体。

涵洞总体的基本要求包括以下几个方面。

①涵洞施工应严格按照设计图纸、施工规范和有关技术操作规程要求进行。

②各接缝、沉降缝位置正确,填缝无空鼓、裂缝、漏水现象:若有预制构件,其接缝须与沉降缝吻合。

③涵洞内不得遗留建筑垃圾等杂物。

涵洞总体实测项目见《公路工程质量检验评定标准》。

(2)涵台。

涵台的基本要求包括以下几个方面。

①所用的水泥、砂、石、水、外掺剂、混合材料及石料的强度、质量和规格必须符合有关技术规范的要求,按规定的配合比施工。

②地基承载力及基础埋置深度须满足设计要求。

③混凝土不得出现露筋和空洞现象。

④砌块应错缝、坐浆挤紧,嵌缝料和砂浆饱满,无空洞、宽缝、大堆砂浆填隙和假缝。

涵台实测项目见《公路工程质量检验评定标准》。

(3)管座及涵管安装。

管座及涵管安装的基本要求包括以下几个方面。

①涵管必须检验合格方可安装。

②地基承载力须满足设计要求,涵管与管座、垫层或地基紧密贴合,垫稳座实。

③接缝填料嵌填密实,接缝表面平整,无间断、裂缝、空鼓现象。

④每节管底坡度均不得出现反坡。

⑤管座沉降缝应与涵管接头平齐,无错位现象。

⑥要求防渗漏的倒虹吸涵管须做渗漏试验,渗漏量应满足要求。

管座及涵管安装实测项目见《公路工程质量检验评定标准》。

(4)拱涵浇(砌)筑。

拱涵浇(砌)筑的基本要求同本节相关要求。

拱涵浇(砌)筑实测项目见《公路工程质量检验评定标准》。

(5)倒虹吸竖井、集水井砌筑。

竖井、集水井的基本要求包括以下几个方面。

①砌块的质量和规格符合设计要求,砌筑砂浆所用材料符合规范要求。

②井基符合设计要求后方可砌筑井体。

③应分层错缝砌筑,砌缝砂浆应饱满。抹面时应压光,不得有空鼓现象。

④接头填缝平整密实、不漏水。

⑤井内不得遗留建筑垃圾等杂物。

⑥按设计规定做灌水试验,试验结果应满足要求。

倒虹吸竖井砌筑实测项目见《公路工程质量检验评定标准》。

(6)一字墙和八字墙。

一字墙和八字墙的基本要求包括以下几个方面。

①砂浆所用的水泥砂、水的质量应符合有关规范的要求,按规定的配合比施工。

②砌块的强度、规格和质量应符合有关规定。

③地基承载力及基础埋置深度必须满足设计要求。

④砌块应分层错缝砌筑,坐浆挤紧,嵌填饱满密实,不得有空洞。

⑤抹面应压光、无空鼓现象。

一字墙和八字墙实测项目见《公路工程质量检验评定标准》。

(7)顶入法施工的桥、涵。

顶入法施工的桥、涵的基本要求包括以下几个方面。

①桥涵主体结构的强度符合设计规定后方可进行顶进施工。

②基底应密实,并具有足够承载力。

③工作坑的后背墙承载力符合要求,顶力轴线必须与桥涵中心线一致。

④节间接缝应按设计要求进行防水处理。

⑤严禁带水作业。

顶入法施工的桥、涵实测项目见《公路工程质量检验评定标准》。

5.3 盖板涵、通道工程的质量监理要点

5.3.1 基础工程

(1)基坑开挖及验收,应检查平面位置、尺寸和高程,基坑的边坡稳定性,地下水情况及基底承载力。

(2)基础砂垫层、砾石垫层、灰土垫层质量控制,包括材料要求、施工工艺、压实度要求及检查等。

(3)基坑的排水设施必须保证有效排水。

(4)沉降缝设置和施工质量控制,位置要准确,垂直度和宽度,填缝材料及清理等。

5.3.2 砌石墙身的质量

砌石墙身应符合《施工规范》要求和设计规定,如砂浆标号及试验、石料质量、砌筑工艺。

5.3.3 混凝土墙身及盖板工程

混凝土墙身及盖板工程应按桥梁工程的质量控制内容,如模板和支架,钢筋工程,混凝土浇筑、养生及强度试验等。

5.3.4 工程质量评定标准

(1)混凝土的质量必须符合设计要求。

(2)沉降缝、防水层、台背回填,应符合施工规范要求。

(3)外观混凝土表面平整,无蜂窝;墙身,进出水口连接顺适。

(4)帽石、一字墙或八字墙平顺,无翘曲现象。

(5)台背填土要分层压实,资料齐全。

(6)涵洞处路面平顺,无跳车现象。

(7)实测项目见盖板涵、箱涵完工质量交验单。

5.3.5 盖板及通道工程施工质量监理实测项目及抽检频率

(1)盖板制作基本要求。

①混凝土所用的水泥、砂、石、水、外掺剂及混合料的质量和规格必须符合有关技术规范要求,按规定的配合比施工。

②分块施工时接缝应与沉降缝吻合。

③板体不得出现露筋和空洞现象。

(2)盖板安装基本要求。

①在安装前,盖板、涵台、墩及支承面检验必须合格。

②盖板就位后,板与支承面须密合,否则应重新安装。

③板与板之间接缝填充材料的规格和强度应符合设计要求,并与沉降缝吻合。

(3)箱涵浇筑基本要求。

①混凝土所用的水泥、砂、石、水、外掺剂及混合材料的质量规格必须符合有关技术规范的要求,按规定的配合比施工。

②地基承载力及基础埋置深度须满足设计要求。

③箱体不得出现露筋和空洞现象。

盖板及通道工程实测项目见《公路工程质量检验评定标准》。

6 桥梁工程质量监理

6.1 桥梁工程质量监理的依据

(1)工程施工承包合同和监理委托服务合同文件。

工程施工承包合同和监理委托服务合同文件中分别规定了参与建设的各方在质量控制方面的权力和义务及有关各方必须履行的合同中的承诺。尤其是监理单位,既要履行监理合同中三大控制的权力和义务,又要监督施工单位履行承包合同中有关的质量控制条款。

(2)设计文件。

经过批准的设计图纸和技术说明等设计文件是参建各方质量控制的重要依据。按图施工是施工阶段质量控制的一项重要原则。

(3)技术规范、标准、法律、法规。

公路桥涵、路基、路面的施工技术规范、验收规范、测量规范、试验规范和规程、公路工程质量检验评定标准等是检验工程质量的主要依据。如采用新工艺、新技术、新材料、新方法的工程须事先进行试验,并应经权威性技术部门出具技术鉴定书及有关的质量数据、指标,在此基础上制定有关的质量标准和施工工艺、操作规程,作为判断和控制质量的依据。

国家和地方政府行政主管部门制定的有关工程建设方面的法律、法规以及建设单位下发的有关技术文件也是监理的依据之一。

6.2 桥梁工程质量监理的任务和内容

6.2.1 施工准备阶段

(1)对施工队伍在施工前的准备工作质量的控制。

①对施工队伍及人员素质的控制。人是施工的主体,人的素质高低及质量意识强弱直接影响到工程产品的质量。监理工程师的重要任务之一就是把好施工人员质量关,特别是一些专业性强的特殊工种,如吊装、焊接、试验、爆破、潜水等人员要持有相应专门机构颁发的上岗资格证书。

应严格控制分包。主包单位确因特殊工种、工艺等需要选择分包队伍时,必须事先提出申请,经监理工程师审查认可后方可进场承担施工任务。

监理工程师审查、控制施工企业的重点是一般组织者、管理者的资质与管理水平，以及特殊专业工种和关键的施工工艺或新技术、新工艺、新材料等应用方面的操作者、检验者的素质和能力。

②对桥梁工程所需的原材料、半成品、构配件和永久性设备、器材等的质量控制。工程所需的一切材料、设备均应从采购、加工制造、运输、装卸、进场存放、使用等方面进行系统的监督与控制。施工单位要对原材料的质量按规定的频率进行自检，监理试验工程师要进行抽检，对于一些特殊材料的性能指标，如果工地临时试验室做不了试验的，如对于钢材、水泥、钢绞线、支座、锚具等，监承双方要共同取样，送具有相应资质的试验、检测单位进行检验。监理和施工单位的工地试验室的仪器、设备要经当地计量部门标定后方可进行试验。

经检验不合格的材料不得用于桥梁工程。

③对施工方案、方法和工艺的控制。认真审查施工单位提交的施工组织设计、施工计划以及质量保证措施，重点审查组织体系特别是质量保证体系是否健全；施工现场总体布置是否合理；工程地质特征及场区环境状况以及它们可能在施工中对质量与安全带来的不利影响；主要施工组织技术措施的针对性、有效性、可行性如何，施工方案、程序是否合理；施工机械性能、能力等是否与工程需要相匹配。

④做好测量接桩与交桩工作，并对测量基准点、控制网点进行复测，确保放样准确。

(2)监理工程师应做好的事前质量保证工作

①做好监控准备工作。建立或完善监理工程师的质量监控体系，做好监控准备工作，使之能适应该项准备开工工程质量控制的需要。针对桥梁工程的分部分项工程的施工及特点拟定监理细则，配备所需的检测仪器设备并使之处于良好的工作状态，保证有关人员熟悉有关的监测方法和有关规程，以保证监控质量。此外，还应督促与协助施工单位建立或健全现场质量管理制度，使之不断完善其质量保证体系，完善工地实验室的建设。

②设计交底和图纸会审。设计交底应在工程施工前，由监理工程师组织设计单位向施工单位进行技术交底。

施工图会审由监理工程师组织设计、建设单位代表和施工单位参加，对施工图中存在的问题进行讨论、协商，并由设计单位对会审中提出的问题通过书面形式进行解释或提出设计变更。

③严把开工关。桥梁工程的现场各项准备工作，监理工程师检查合格后，方可发布书面开工令。对于已停工程，则需有监理工程师的复工指令方可复工。对于合同中所列工程及工程变更项目或桥梁主要分部分项工程，开工前施工单位必须提交分部分项工程开工报告，经监理工程师审查批准后，施工单位才能开始施工。

6.2.2 施工阶段

(1)桥梁施工测量与控制。

桥梁施工测量质量监理的工作内容及要点详见相关章节。

(2)桥梁基础施工质量监理。

桥梁基础结构形式较多，本章将着重介绍比较常用的明挖基础、钻孔灌注桩基础、沉桩基础、管柱基础、沉井基础、地下连续墙基础等的质量监理。

基础施工阶段，监理工程师通常应做好以下工作。

①注意地质情况的变化，如果地质情况与设计勘察资料不符，应及时与设计单位会商，采取工程措施，否则可能造成工程后患而难以弥补。

②隐蔽工程要严格旁站,基底覆盖前应由专业监理工程师以上的监理工程师到场认可,保证能及时发现地质情况的变化及工程施工的缺陷。要避免断桩等重大质量事故。

(3)桥梁下部结构施工质量监理。

桥台、墩台施工阶段监理的工作内容有以下几个方面。

①仔细准确地测量定位。桥墩台完成后,桥梁的平面位置已无法调整,因此,必须保证定位测量按设计或规范要求的精度进行,不能出现差错。

②要注意墩台构造物的外形尺寸及混凝土的外观质量。首先要控制好模板的质量,如接桩柱、盖梁、墩台帽等,在混凝土浇筑前应严格检查模板的刚度、光洁度、几何尺寸、拼接缝等,在监理工程师检查认可后方可浇筑混凝土。

混凝土浇筑除其本身的配合比、原材料质量外,现场应注意振捣的施工工艺和措施,尤其是盖梁、墩柱等由于钢筋密度大、间隙小,造成振捣较困难,应注意既不能漏振,也不能过振。同时还应注意选用合适的原材料。如桥梁中相同部位,相同标号的混凝土,所使用的砂、石材料要求同一产地、同种颜色。选用的水泥应尽可能是同一厂家、同一品种、同一批次,以避免混凝土外表出现较大的色差。

③要注意墩、台帽、盖梁等顶标高的控制。控制好墩、台帽、盖梁的标高是保证桥面铺装层厚度、桥面平整度的关键。对于预应力板、梁桥,其支座顶标高,一般应控制在不高于设计要求。

(4)桥梁上部结构施工质量监理。

①施工准备阶段监理工作的主要内容包括以下方面。

a. 必须仔细、准确地对所有测量桩点进行复测检查和资料复核,以免出现桥梁施工定位的差错,造成巨大的损失。

b. 做好施工技术方案及机械设备的审核工作。施工技术方案及施工机械设备能否配套、落实,是施工能否顺利进行的主要条件。

c. 做好原材料的选用与控制,避免混凝土外表出现较大的色差。

②施工阶段监理工作的主要内容包括以下方面。

a. 监理工程师应要求施工单位严格按经批准的施工方案进行施工,不得擅自改变施工方法、施工工艺。

b. 严格按设计要求进行施工,保证混凝土达到强度要求,预应力张拉要严格旁站,并做好有关记录和验算工作,以确保构件的承载能力。

c. 要重视桥面标高的控制。预应力梁的预拱度值、现浇梁的支架沉降、悬臂施工时的梁体变形,都会导致梁体顶面标高的变化,在梁体施工时就应注意及时纠正,否则将导致桥面标高的改变。

d. 要注意结构物的外形尺寸及混凝土外观质量的控制。

e. 伸缩装置安装施工必须准确、仔细,避免行车跳车和过早损坏的情况发生。伸缩缝应有准确的间隙,不能有异物阻塞。

③桥台台背回填质量监理的内容包括以下方面。

a. 选用压缩性小的透水性土料作为台背回填的材料,以免因桥头引道沉降而导致桥头跳车。

b. 为了保证尽可能减小桥头回填土的沉降,监理工程师应严格控制压实度,回填土要分层填筑,严格压实,要注意控制回填料的最大颗粒粒径(一般不大于2cm)和松铺厚度、平整度。监理人员要层层抽检。

6.3 桥梁工程施工测量质量监理

6.3.1 监理工作流程

施工测量监理工作流程如下：

基桩的复测和接收——→建立施工测量控制网——→施工定位测量——→施工放样——→工程施工。

6.3.2 监理工作内容

(1)测量基桩的接收与交桩。

交桩的程序:先由设计单位按照图纸资料在现场向监理工程师交桩,由监理工程师组织复核检查。如发现桩点有丢失、移位及与图纸计算的桩位坐标、标高有误时,由监理工程师会同建设单位向设计单位交涉,由设计单位负责解释、改正、补桩等工作,直到监理工程师认为桩位正确,精度符合设计和施工的要求,并符合技术规范的标准为止。然后由监理工程师向施工单位移交桩位,施工单位在接到监理工程师发出的桩位图及坐标、标高等数据资料并现场交桩之后,应在规定的期限内(一般为14d)自己进行复测核对并交出自己的测量成果。如果没有错误且精度符合设计及施工的要求,应书面表示正式接受桩位并负责以后的维护和使用。如果施工单位对某一测量标志及数据有异议,应向监理工程师提交一份表格,列出认为有误的桩点的位置及修正的数据。在监理工程师确认前不得触动原有地面。

基桩移交后,监理工程师应督促施工单位做好桩位保护工作直到竣工验收之后。所有桩点应设立护桩等参考标志,以便遇到破坏时能及时准确予以恢复定位。监理工程师定期对桩位作复核检查,以保证施工准确无误。

(2)桥梁测量控制网的监理。

①桥梁测量控制网的监理工作流程。

施工单位接收了监理工程师移交的基点标志后,应立即开始建立测量控制网。控制网的埋桩、测量、建网和计算由施工单位独立完成或委托专业测量队来完成。使用的仪器须经过检验标定,符合精度要求。工作完成后,应书面向监理工程师提出报告和计算资料,并现场交桩。监理工程师接到报告后,要独立地组织复测检查,认为准确无误、精度符合要求后,才可以批准使用。

控制网在施工过程中有可能被移动,应定期复测。如果监理工程师认为控制网稳定性有问题,任何时候都可以指令施工单位限期对控制网进行复测检查。复测检查以前停止使用有可能已被移动的桩位。

②测量控制网的精度控制。

跨河直线桥的平面测量控制主要是控制桥轴线,即控制两端桥台间桥梁轴线的方向和长度。控制网的建立要达到和超过桥轴线长度中误差计算要求,并为施工墩台定位提供测量的基本控制点,且满足要求的精度。

按规范要求,测量结束后,经平差计算,若测角、测边的闭合差及相对中误差均满足规范规定的要求,则控制网为合格,可准予使用。

③施工定位测量放样的监理工作内容及程序。

控制网建立并经监理工程师批准后,可以开始具体部位(包括桩位、墩台、上部结构等)的施工定位测量放样工作。在测量放样前,施工单位应提交一份测量放样方案。测量监理工程师对测量方案进行审核的工作内容包括以下方面。

a. 审查测量放样所用的所有置镜点、后视点是否都是控制网上的桩点。不能用临时桩点或临时测放的桩点作为放样的置镜点或后视点,以避免误差过大和出现错误。

b. 测量方案必须能保证足够的精度,在测量过程中不受施工的干扰。例如,应避免使测量误差集中在桥位某一位置;水中桥墩采用浮运法施工时,桥墩定位测量时应采用交会法等。

c. 所有定位放样的测量都必须有可靠的校核方法,以确保测量没有错误,误差在允许范围之内。如交会法放样应取三点交会,坐标法放样应以两个桩点放样核对,测点在同一直线上应串线等。

d. 所有计算都应准确无误。

满足以上要求后,可以批准方案实施。

施工单位必须在得到监理工程师对测量方案书面批准后方可进行测量放样,测量仪器必须经过校验。

放样测量的报验表和原始记录及测量放样计算应提交给测量监理工程师,监理工程师应对施工单位的放样进行复测。

(3)桥梁水准测量的监理。

①桥梁水准测量的等级及其测量精度应满足设计的要求。

②水准基点的布设。

大中桥、特大桥施工水准点测设精度应达到四等水准测量的要求,桥头两岸应设置不少于两个水准点,每岸至少设一个稳固的水准点。

小桥和涵洞水准测量按五等水准要求设置水准点。

根据施工需要及不良地质或易受破坏的适当地段增设辅助水准点,其精度应符合五等水准要求,且须符合转镜不超过 2 次、高差不超过 2m 和不在同一岩石或结构物的基础上。

③跨河水准测量。

有水河流水面宽度在 150m 以上时,两岸水准点的高程应采用跨河水准测量方法检测。

跨河水准测量应在阴天、早晨(或傍晚)、无风(或弱风)时进行。

视线在 300m 以下时可单线过河,在 300m 以上时宜采用双线过河并以同等精度在两岸联测。两岸设置的水准仪应接近等高,且距水面高度不小于 2 ~ 3m。具体的测量方法应对照国家水准测量有关规范进行,观测的测回数、组数及允许偏差按三、四等跨河水准测量执行。

6.3.3 桥梁工程总体监理实测项目

桥梁工程的基本要求包括以下几个方面。

(1)桥梁施工应严格按照设计图纸、施工技术规范和有关技术操作规程要求进行。

(2)桥下净空不得小于设计要求。

(3)特大跨径桥梁或结构复杂的桥梁,必要时应进行荷载试验。

桥梁总体实测项目见《公路工程质量检验评定标准》。

6.4 钢筋混凝土与预应力混凝土工程质量监理

6.4.1 钢筋工程质量监理

(1)材料的监理工作要点。

①检查钢筋材料的出厂质量证明书是否与进场材料一致,对每批进场的钢材应取样做力学性能试验,需要焊接的受力钢筋,还应做可焊性试验;无出厂质量证明书的钢筋,原则上不宜使用。

②钢筋材料的堆放应避免使钢筋锈蚀和污染，凡锈蚀和污染严重，影响其使用性能的钢筋，不得使用。

(2)钢筋加工的监理工作要点。

①检查钢筋的调直和除污锈是否符合要求。

②检查钢筋的弯钩和弯折尺寸是否符合要求。

③检查钢筋连接的质量、位置是否符合要求，应抽取试件做力学性能试验。

④加工钢筋的偏差不得超过规定。

(3)钢筋安装的监理工作要点。

①检查钢筋的型号、根数是否符合要求。

②检查钢筋骨架的几何尺寸、钢筋间距、弯起钢筋位置是否符合要求。

③如有替换钢筋，应检查替换钢筋是否符合要求。

④检查钢筋骨架的连接位置是否符合要求。

⑤检查钢筋的绑扎、支垫和保护层厚度是否符合要求。

(4)钢筋工程质量监理实测项目。

钢筋工程的基本要求包括以下几个方面。

①钢筋、机械连接器、焊条等的品种、规格和技术性能应符合国家现行标准规定和设计要求。

②冷拉钢筋的机械性能必须符合规范要求，钢筋平直，表面不应有裂皮和油污。

③受力钢筋同一截面的接头数量、搭接长度、焊接和机械接头质量应符合施工技术规范要求。

④钢筋安装时，必须保证设计要求的钢筋根数。

⑤受力钢筋应平直，表面不得有裂纹及其他损伤。

钢筋安装实测项目见《公路工程质量检验评定标准》。

6.4.2 预应力混凝土施工质量监理

(1)先张法预应力混凝土施工的监理工作要点。

①在开工报告的审批时，应进行以下工作。

a. 张拉台座的稳定性和横向刚度的复核：压力表与千斤顶的关系曲线、控制张拉力和理论伸长量的确定。

b. 预应力材料的抽检试验和外观检查。

c. 施工工艺的审核。

②预应力施工时，监理工程师应旁站检查，发现问题时应指令暂停施工，待查明原因并采取措施予以调整后，方可继续施工。

a. 实际伸长值与理论伸长值的差值应控制在6%以内。

b. 锚固阶段张拉端预应力筋的内缩量，应不大于设计规定值或不大于容许值。

c. 多根预应力筋同时张拉时，预应力筋的预应力值，其偏差的绝对值不得超过一个构件全部预应力筋预应力总值的5%。

d. 张拉完毕后，与设计位置的偏差不得大于5mm，同时不得大于构件最短边长的4%。

③预应力放张及切割的检查。

(2)预应力先张法施工质量监理实测项目及抽检频率。

预应力先张法施工的基本要求包括以下几个方面。

①预应力筋的各项技术性能必须符合国家现行标准规定和设计要求。

②预应力束中的钢丝、钢绞线应梳理顺直,不得有缠绞、扭麻花现象,表面不应有损伤。

③单根钢绞线不允许断丝。单根钢筋不允许断筋或滑移。

④同一截面预应力筋接头面积不超过预应力筋总面积的25%,接头质量应满足施工技术规范的要求。

⑤预应力筋张拉或放张时混凝土强度和龄期必须符合设计要求,严格按照设计规定的张拉顺序进行操作。

⑥预应力钢丝采用镦头锚时,镦头应头型圆整,不得有斜歪或破裂现象。

⑦制孔管道应安装牢固,接头密合,弯曲圆顺。锚垫板平面应与孔道轴线垂直。

⑧千斤顶、油表、钢尺等器具应经检验校正。

⑨锚具、夹具和连接器应符合设计要求,按施工技术规范的要求经检验合格后方可使用。

⑩压浆工作在5℃以下进行时,应采取防冻或保温措施。

⑪孔道压浆的水泥浆性能和强度应符合施工技术规范要求,压浆时排气、排水孔应有水泥原浆溢出后方可封闭。

⑫按设计要求浇筑封锚混凝土。

钢丝、钢绞线先张法实测项目、粗钢筋先张法实测项目见《公路工程质量检验评定标准》。

(3)后张法施工质量监理。

①预应力材料的监理工作要点。

a. 预应力筋进场时就分批验收质量证明书、包装、标志和规格,还需按规定进行抽样检验。

b. 锚具、夹具和连接器进场时应分批验收出厂合格证、质量证明书、锚固性能类别、型号、规格及数量,还需按规定对其外观、硬度进行抽样检验,如对质量有疑点时还应进行静载锚固性能试验。

c. 管道应有足够的强度,管道内截面积至少应是预应力筋的2.0~2.5倍;若是波纹状的金属螺旋管,则进场时应按批对照出厂合格证、质量证明书核对其类别、型号、规格及数量,还需按规定对其外观、尺寸、集中荷载下的径向刚度、荷载作用后的抗渗漏及抗弯曲渗漏进行检验。

d. 预应力材料的搬运和存放应避免有害锈蚀、沾污、遭受机械损伤。

②预应力施工的监理工作要点。

a. 后张法预应力施工前的监理工作要点包括:张拉机具及设备检查;施工方案的审批及开工报告的批准,对张拉程序、张拉应力的控制及理论伸长量进行审核;现场是否具备合格的预应力施工操作人员和设备安全的预防措施;结构混凝土强度已达到要求。

b. 后张法预应力施工时的监理工作要点包括:预留孔道的尺寸及位置是否正确,定位钢筋的设置情况,压浆孔、排气孔及排水孔的位置是否正确;预应力筋安装前对锚垫板位置、孔道情况的检查,安装后预应力筋的检查;张拉前对构件的检查;张拉时监理工程师应全过程旁站,对张拉顺序、张拉程序、预应力筋的断丝及滑移数进行控制,对实际伸长值超过6%的,应要求暂停张拉,待查明原因并采取措施予以调整后,方可继续张拉。

c. 孔道压浆的监理工作要点包括:对水泥浆性能的控制;压浆前对孔道的清理检查;压浆顺序、方法的检查,压浆时间的控制;压浆后密实情况的检查,封锚端的检查;水泥浆试件的制作。

后张法预应力施工质量监理实测项目及抽检频率见《公路工程质量检验评定标准》。

6.4.3 模板、支架及拱架的施工质量监理

(1)在设计模板、支架和拱架时,应考虑各种荷载及其组合,并对支架和拱架的稳定性、强度和刚度进行验算。

(2)模板制作应平整、光滑,严密不漏浆,重复使用的应始终保持表面平整、形状准确,不漏浆,有足够的强度和刚度。

(3)支架和拱架应预留施工拱度,施工拱度值的确定应考虑各种因素。

(4)支架、拱架应采用标准化、系列化、通用化的构件拼装,拼装后稳定、坚固,能抵抗施工过程中的偶然冲撞振动。

(5)模板、支架或拱架安装完毕后,应对其平面位置、顶部高程、节点连接及纵横稳定性进行全面检查。合格后,才能进行下一步施工。

(6)模板、支架和拱架的拆除期限及拆除顺序应符合规定要求。

模板、支架和拱架安装质量监理实测项目及抽检频率见《公路工程质量检验评定标准》。

6.4.4 混凝土施工质量监理

各种材料、各工程项目和各个工序,应经常进行检验,保证符合设计和施工技术规范的要求。检验项目和次数应符合下列规定。

(1)浇筑混凝土前的监理包括:

①施工设备和场地;

②混凝土组成材料及配合比(包括外加剂);

③混凝土凝结速度等性能;

④基础、钢筋、预埋件等隐蔽工程及支架、模板;

⑤养护方法及设施,安全设施。

(2)拌制和浇筑混凝土时的监理包括:

①混凝土组成材料的外观及配料、拌制,每一工作班至少2次,必要时随时抽样试验;

②混凝土的和易怀(坍落度等)每工作班至少2次;

③砂石材料的含水率,每日开工前1次,气候有较大变化时随时检测,当含水率变化较大,将使配料偏差超过规定时,应及时调整;

④钢筋、模板、支架等的稳固性和安装位置;

⑤混凝土的运输、浇筑方法和质量;

⑥外加剂使用效果;

⑦制取混凝土试件。

(3)浇筑混凝土后的监理包括:

①养护情况;

②混凝土强度,拆模时间;

③混凝土外露面或装饰质量。

(4)结构外形尺寸、位置、变形和沉降。

(5)隐蔽工程检查、分部工程检查、工程变更设计、施工技术修改、施工方案变更、质量事故的发生和处理等事项,应按有关规定及时进行处理。

(6)对混凝土的强度,应制取试件,检验其在标准养护条件下28d龄期的抗压极限强度。试件制取组数应符合规定。

混凝土施工工质量监理实测项目及抽检频率见《公路工程质量检验评定标准》。

6.5 基础工程质量监理

6.5.1 明挖基础质量监理

(1)明挖基础质量监理工作要点包括以下方面。

①由于桥梁的全部荷载都要通过基础底面直接传递到浅层的地基土上,所以对地基土的承载力要求比较高。在监理过程中,要求地基土有足够的地基承载力。若基底为软基时,监理工程师必须指令施工单位进行软基处理。

②监理工程师应认真审核施工单位的开工报告,督促施工单位在开工前做好原材料的试验,监理工程师做相应的平行试验。专业监理工程师检查施工单位的机具设备是否到场,劳动力到位情况,审核施工单位质保体系、安全措施是否落实。测量监理工程师应对基础平面位置进行复核。以上条件均满足后,方可同意开工。

③明挖基础属于下部结构、隐蔽工程,监理工程师必须对每一道工序检查验收合格后方同意进行下一道工序的施工,特别是钢筋、模板需要认真检查、验收。模板必须支撑牢固、可靠。混凝土浇筑时现场监理工程师必须旁站。

④基础混凝土浇筑到顶面标高后必须进行覆盖养生,待混凝土强度达到设计要求后,施工单位进行成品自检验收,然后提交监理工程师中间交工。监理工程师检查合格后,签署交工验收单;不合格则要求施工单位作返工修补,取芯试验,查找原因。直到最后检查合格为止。

明挖基础工程质量监理实测项目见《公路工程质量检验评定标准》。

(2)扩大基础工程质量监理基本要求包括以下几个方面。

①所用的水泥、砂、石、水外掺剂及混合材料的质量和规格必须符合有关规范的要求,按规定的配合比施工。

②不得出现露筋和空洞现象。

③基础的地基承载力必须满足设计要求。

④严禁超挖回填虚土。

扩大基础实测项目见《公路工程质量检验评定标准》。

6.5.2 沉桩基础质量监理

沉桩基础质量监理工作要点包括以下方面。

(1)测量监理工程师对施工单位的测量定位放线进行复核。

(2)专业监理工程师认真审核施工单位开工报告,包括工、料、机的准备情况,混凝土配合比设计对比试验、施工方案的可行性,以及质保体系、安全保证措施、保证情况,审核通过后报总监或总监代表审批,批准后方可同意施工。

(3)沉桩施工时监理工程师必须旁站。检查桩位垂直度是否符合设计要求,认真控制停止沉桩标准对于施工过程中出现的一些不正常情况及时报告,研究处理。

(4)用射水法沉桩,当桩尖接近设计高程时,应停止射水,用锤击或振动使桩达到设计高程。

(5)桩的接头应严格按照规范要求,确保质量。

(6)当沉桩完毕后,监理工程师要求施工单位做无破损检测试验,根据得出的试验数据判定桩基础是否满足设计和施工规范要求。如果检测一切正常,在施工单位自检合格的基础上,监理工程师签署中间交工验收单。

预制桩、沉桩基础工程质量监理实测项目见《公路工程质量检验评定标准》。

6.5.3 钻孔灌注桩质量监理

(1)钻孔灌注桩质量监理工作要点。

①测量监理工程师复核钻孔灌注桩位置,各专业监理工程师认真审核施工单位关于开工申请报告里面的工、料、机准备情况,方案操作的可能性,质保体系和安全保证措施落实情况,审核合格后,上报总监代表审批,审批后方可进行开工。

②钻孔灌注桩施工后,监理工程师随时掌握钻孔过程中可能出现的问题,查看地质情况是否与设计图纸相符,如果存在较大差异,应及时通告建设单位和设计单位。认真检查孔深、孔径、偏位和泥浆指标和沉淀厚度等指标,必须满足设计和施工规范的要求。

③监理工程师对现场加工的钢筋笼,应检查其钢筋数量、规格、长度是否符合设计图纸要求。钢筋焊接缝是否饱满、焊接长度是否满足要求,有无焊瘤、焊渣,钢筋保护层厚度是否满足要求等。以上各方面指标均合格后,才能吊装钢筋笼入孔。

④水下灌注混凝土时监理工程师应旁站监理。检查导管悬高、埋深是否符合要求,现场拌制混凝土计量设备是否准确,抽查混凝土性能指标,对灌注过程中出现的坍孔、缩颈等现象及时处理。发现重大问题还应及时通知设计和建设单位单位共同研究解决。

⑤当钻孔灌注桩浇筑完毕14d后,监理工程师要求施工单位做无破损检测,其检测单位必须是具备省部级以上资质资格的定点单位,只有当无破损检测合格、混凝土28d龄期强度合格后,才能认证此钻孔灌注桩合格,监理工程师才能签署中间交工验收单。

(2)钻孔灌注桩施工质量监理实测项目及抽检频率。

①钻孔灌注桩。

钻孔灌注桩的基本要求包括以下几个方面。

a. 桩身混凝土所用的水泥、砂、石、水、外掺剂及混合材料的质量和规格必须符合有关规范的要求,按规定的配合比施工。

b. 成孔后必须清孔,测量孔径、孔深、孔位和沉淀层厚度,确认满足设计或施工技术规范要求后,方可灌注水下混凝土。

c. 水下混凝土应连续灌注,严禁有夹层和断桩。

d. 嵌入承台的锚固钢筋长度不得低于设计规范规定的最小锚固长度要求。

e. 应选择有代表性的桩用无破损法进行检测,重要工程或重要部位的桩宜逐根进行检测。设计有规定或对桩的质量有怀疑时,应采取钻取芯样法对桩进行检测。

f. 凿除桩头预留混凝土后,桩顶应无残余的松散混凝土。

钻孔灌注桩施工质量监理实测项目及抽检频率见《公路工程质量检验评定标准》。

②挖孔桩。

挖孔桩的基本要求包括以下几个方面。

a. 桩身混凝土所用的水泥、砂、石、水、外掺剂及混合材料的质量和规格必须符合有关规范的要求,按规定的配合比施工。

b. 挖孔达到设计深度后,应及时进行孔底处理,必须做到无松渣、淤泥等扰动软土层,使孔底情况满足设计要求。

c. 嵌入承台的锚固钢筋长度不得小于设计规范规定的最小锚固长度要求。

挖孔桩施工质量监理实测项目及抽检频率见《公路工程质量检验评定标准》。

6.5.4 沉井基础质量监理

(1)沉井基础质量监理工作要点。

①应严格审核沉井施工技术方案和安全技术措施,以确保工程优质、安全、高效地完成。

②监理人员在沉井施工前,对于就地制作沉井须复查沉井的定位放线及轴线控制桩和水准点。沉井施工中,应检查平面尺寸、钢筋、模板及预埋件等是否符合设计文件的要求和施工规范的规定,并及时办理隐蔽工程验收签证。

③沉井接高、各节沉井接缝处必须严格按施工规范的规定进行施工缝处理。

④对于浮式沉井,在浮运定位前,应仔细检查拖运、定位、导向、潜水、起吊及排、灌水等设备及其性能是否满足工作需要,监督施工单位对浮运所经水域和沉放位置进行探查,以探明有无妨碍浮运的水下障碍物,沉井沉放处的河床是否基本平整。

⑤灌注水下混凝土要正确地调整坍落度和导管埋置深度,应注意抽拔导管时严禁有水进入导管。

监理过程中每个环节都必须重视。每个工程必须得到监理工程师认可后方可进行下道工序。

(2)沉井基础质量监理实测项目及抽检频率。

①沉井基础。

沉井基础的基本要求包括以下几个方面。

a. 混凝土桩所用的水泥、砂、石、水、外掺剂及混合材料的质量和规格必须符合有关规范的要求,按规定的配合比施工。

b. 沉井下沉应在井壁混凝土达到规定强度后进行。浮式沉井在下水、浮运前,应进行水密性试验。

c. 沉井接高时,各节的竖向中轴线应与第一节竖向中轴线相重合。接高前应纠正沉井的倾斜。

d. 沉井下沉到设计高程时,应检查基底,确认符合设计要求后方可封底。

e. 沉井下沉中出现开裂,必须查明原因,进行处理后才可继续下沉。

f. 下沉应有完整、准确的施工记录。

沉井、沉井的封底质量监理实测项目及抽检频率见《公路工程质量检验评定标准》。

②双壁钢围堰。

双壁钢围堰的基本要求包括以下几个方面。

a. 钢围堰段采用的钢材和焊接材料的品种规格、化学成份及力学性能必须符合设计和有关技术规范的要求,具有完整的出厂质量合格证明。

b. 钢围堰壳元件的加工尺寸和预拼装精度应符合设计和有关技术规范的要求。

c. 施焊人员必须具有焊接资格和上岗证。

d. 焊缝探伤检测结果应全部合格。

e. 钢围堰拼焊后应进行水密试验,符合设计要求后,方可下沉。

f. 围堰清基应符合设计要求。清基完成并检查合格后,方可浇筑水下混凝土封底。

g. 混凝土所用的水泥、砂、石、水、外掺剂及混合材料的质量和规格应符合有关规范的要求,按规定的配合比施工。

h. 钢围堰内各舱浇筑混凝土的顺序,应严格按设计规定进行。

双壁钢围堰的制作拼装质量监理实测项目及抽检频率见《公路工程质量检验评定标准》。

③沉井或钢围堰的混凝土封底。

混凝土封底的基本要求包括以下几个方面。

a. 混凝土所用的水泥、砂、石、水、外掺剂及混合材料的质量和规格应符合有关规范的要求，按规定的配合比施工。

b. 混凝土必须按水下混凝土的操作规程一次浇筑完成，在围壁处不得出现空洞，不得渗漏水。

沉井或钢围堰封底混凝土质量监理实测项目及抽检频率见《公路工程质量检验评定标准》。

6.5.5 地下连续墙质量监理

(1)地下连续墙工程质量监理工作要点。

地下连续墙是以抓斗式或回转式钻头挖槽机械成槽，以泥浆护壁现浇筑混凝土或钢筋混凝土而形成的地下连续墙体。其监理工作的要点如下。

①划分的施工单元槽段，必须和所设计的地下连续墙结构型式、施工过程采用的机械设备能力及现场地质与水文地质条件相适应，为此，监理工程师要特别注意审查。

②构筑的导墙质量将极大地关系到地下连续墙的施工质量，因此在导墙施工时，监理人员对导墙的材料、平面位置、埋置深度、墙体厚度、顶面高程以及两内墙间距、内墙面竖起度等应严格按设计文件要求和施工技术规范规定进行监理。

③在成槽过程中，应随时作泥浆性能指标检验，以保持其护壁作用的有效性。当重复使用的泥浆性质发生变化时，应通知施工单位进行再生处理或舍弃。在开挖过程中，监理人员还应定时检测成槽质量，沟槽若有偏斜或槽壁坍塌，应查明原因，妥善处理。

④钢筋骨架应根据设计图和单元槽段的划分长度制作。吊放钢筋骨架必须使骨架中心对准单元槽段中心。大片钢筋骨架起吊不得发生摆动，不得产生变形，并准确地插入槽内。若不能顺利插入，应重新吊起，查明原因，绝不允许硬行压入槽内。

⑤地下连续墙的水下混凝土应连续灌注，严禁有夹层和断墙，因此必须根据《公路桥涵施工技术规范》的规定，控制好导管灌注混凝土的扩散半径及取用适宜的坍落度。

⑥灌注混凝土时，应经常转动和定时小量提升接头管，以确保单元槽段混凝土灌注结束并初凝后，将接头管拔出。

(2)地下连续墙工程质量监理实测项目及抽检频率。

地下连续墙工程质量监理的基本要求包括以下方面。

①混凝土所用的水泥、砂、石、水、外掺剂及混合材料的质量和规格必须符合有关规范的要求，按规定的配合比施工。

②墙体的深度和宽度必须符合设计要求。

③每一槽段成槽后，必须采取有效措施清底，并测量槽深、槽宽及倾斜度，符合设计和施工技术规范要求后，方可灌注水下混凝土。

④相邻两槽段墙体中心线在任一深度的偏差值不得超过60mm。

⑤水下混凝土应连续灌注，严禁有夹层和断墙。

⑥灌注水下混凝土时，钢筋骨架不得上浮。

⑦应处理好接头，防止间隔灌注时漏水漏浆。

⑧墙顶应无松散混凝土。

地下连续墙工程质量监理实测项目及抽检频率见《公路工程质量检验评定标准》。

6.6 桥墩及桥台质量监理

6.6.1 圬工质量监理

(1)圬工监理工作要点。

①审批开工报告,进行砂浆配比平行试验,检查砌块强度及规格尺寸。

②基坑开挖前放样复测,以确保按设计平面位置准确放样。

③检验基坑地基承载力,应满足设计要求。

④检查砌缝宽度及石料的丁石、顺石的规格以及上下层竖缝错开的距离。按规定的频率抽取砂浆试块,检验砂浆强度。

⑤检查砌体成品的外形几何尺寸以及砌体顶面高程。

⑥检查勾缝的质量。注意美观及养护,防止开裂、脱落。

(2)砌体工程质量监理实测项目。

①基础砌体。

基础砌体的基本要求包括以下几个方面。

a. 石料或混凝土预制块的强度、质量和规格必须符合有关规范的要求。

b. 砂浆所用的水泥、砂和水的质量必须符合有关规范的要求,按规定的配合比施工。

c. 地基承载力应满足设计要求,严禁超挖回填虚土。

d. 砌块应错缝、坐浆挤紧,嵌缝料和砂浆饱满,无空洞、宽缝、大堆砂浆填隙和假缝。

基础砌体工程质量监理实测项目见《公路工程质量检验评定标准》。

②墩台身砌体。

墩台身砌体的基本要求包括以下几个方面。

a. 石料或混凝土预制块的的强度、质量和规格,必须符合有关规范的要求。

b. 砂浆所用的水泥、砂和水的质量必须符合有关规范的要求,按规定的配合比施工。

c. 砌块应错缝坐浆挤紧,嵌缝料和砂浆饱满,无空洞、宽缝、大堆砂浆填隙和假缝。

墩、台身砌体工程质量监理实测项目见《公路工程质量检验评定标准》。

③拱圈砌体。

拱圈砌体的基本要求包括以下几个方面。

a. 石料或混凝土预制块的强度、质量和规格,必须符合有关规范的要求。

b. 砂浆所用的水泥、砂和水的质量必须符合有关规范的要求,按规定的配合比施工。

c. 拱圈的辐射缝应垂直于拱轴线,辐射缝两侧相邻两行拱石的砌缝应互相错开,错开距离不应小于100mm。

d. 拱圈砌体砌块应错缝、坐浆挤紧,嵌缝料和砂浆饱满,无空洞、宽缝、大堆砂浆填隙和假缝。

e. 拱架应牢固稳定,严格按设计规定的顺序砌筑拱圈和卸架。

拱圈砌体工程质量监理实测项目见《公路工程质量检验评定标准》。

④侧墙身砌体。

侧墙身砌体的基本要求包括以下几个方面。

a. 石料或混凝土预制块的的强度、质量和规格,必须符合有关规范的要求。

b. 砂浆所用的水泥、砂和水的质量必须符合有关规范的要求,按规定的配合比施工。

c. 砌块应错缝坐浆挤紧,嵌缝料和砂浆饱满,无空洞、宽缝、大堆砂浆填隙和假缝。

侧墙身砌体工程质量监理实测项目见《公路工程质量检验评定标准》。

6.6.2 钢筋混凝土墩、台质量监理

(1)监理工作要点。

①测量定位。复测轴线及中心偏位是否符合设计及规范允许误差要求。

②模板检验。几何尺寸要符合设计图纸的规定,支撑要牢固,防止跑模、变形,拼接要严密、平整,不得漏浆,垂直度、平整度要满足规范要求。

③钢筋检查。检查规格、数量、位置是否符合设计要求;保护层厚度、钢筋焊接质量、外观检查、弯起点是否与设计相符。

④混凝土配合比审查,监理进行对比试验。浇筑过程中混凝土拌和、运输,抽检坍落度,振捣是否充分的检查、旁站。顶面标高控制,抽取试块。

⑤施工缝的预留及处理。

⑥混凝土成品检查。几何尺寸是否与设计相符,轴线中心偏位,是否符合精度要求。检查外观有无蜂窝、麻面、裂缝、露筋等,垂直度、平整度是否满足质量检验与评定标准。

(2)混凝土承台、墩柱、盖梁质量监理实测项目。

①混凝土承台、混凝土墩、台身、台帽或盖梁现浇。

现浇的基本要求包括以下几个方面。

a. 所用的水泥、砂、石、水、外掺剂及混合材料的质量和规格必须符合有关规范的要求,按规定的配合比施工。

b. 必须采取措施控制水化热引起的混凝土内最高温度及内外温差在允许范围内,防止出现温度裂缝。

c. 不得出现露筋和空洞现象。

混凝土承台、混凝土墩、台身、台帽或盖梁现浇工程质量监理实测项目见《公路工程质量检验评定标准》。

②混凝土墩、台身安装。

安装的基本要求包括以下几个方面。

a. 墩、台身预制件必须经检验合格后,方可进行安装。

b. 墩、台柱埋入基座坑内的深度和砌块墩、台埋置深度必须符合设计规定。

混凝土墩、台身安装工程质量监理实测项目见《公路工程质量检验评定标准》。

③拱桥组合桥台。

拱桥组合桥台的基本要求包括以下几个方面。

a. 地基强度必须满足设计要求。

b. 组合桥台的各个组成部分,其接触面必须紧贴。

c. 阻滑板不得断裂。

d. 必须对组合桥台的位移、沉降、转动及各部分是否紧贴进行观测,提供观测数据。

e. 拱桥台背填土必须在承受拱圈水平推力以前完成,并应控制填土进度,防止桥台出现过大的变位。

拱桥组合桥台工程质量监理除按有关各节评定各组成部分自身的质量外,还需评定其组合性能,见《公路工程质量检验评定标准》。

④台背填土。

台背填土的基本要求包括以下几个方面。

a. 台背填土应采用透水性材料或设计规定的填料，严禁采用腐植土、盐渍土、淤泥、白垩土、硅藻土和冻土块。填料中不应含有机物、冰块、草皮、树根等杂物及生活垃圾。

b. 必须分层填筑压实，每层表面平整，路拱合适。

c. 台身强度达到设计强度的75%以上时，方可进行填土。

d. 拱桥台背填土必须在承受拱圈水平推力以前完成。

e. 台背填土的长度，不得小于规范规定，即台身顶面处不小于桥台高度加2m，底面不小于2m；拱桥台背填土长度不应小于台高的3~4倍。

台背填土工程质量监理除台背填土压实度见《公路工程质量检验评定标准》，其余按路基要求进行评定。

6.7 上部结构质量监理

6.7.1 预制装配式梁(拱)质量监理

(1)预制装配式梁(拱)质量监理工作要点。

①施工期间监理人员应加强旁站或巡视，各工序应在施工单位自检合格基础上进行复验。

②装配式梁(拱)的预制构件在脱底模、移运、堆放、吊装时，混凝土的强度不应低于设计所要求的吊装强度，一般不得低于设计标号70%。对于孔道已压浆的预应力混凝土构件，其孔道水泥浆的强度不应低于设计要求，设计无规定时，则不应低于构件混凝土设计标号的55%，且不低于20号。

③构件安装就位完毕并经过检查校正符合要求后，方可焊接或浇筑混凝土以固定构件。对尚未达到设计标号的构件，在安装后必须保证混凝土有继续增长强度的条件。只有混凝土强度达到设计标号后，方可承受全部计算荷载。

④对装配式梁桥，当梁、板安装完毕并整体化后，在尚未浇筑桥面混凝土或沥青混凝土铺装前，汽车和筑路机械不得通过。

⑤在装配式拱桥施工过程中，应配合施工进度对拱肋、拱圈或拱片的挠度和横向偏移、混凝土裂缝、墩台变位、安装设施的变形和变位等项目进行观测。拱肋、拱片吊装定位合龙时，应进行接头高程和轴线位置的观测，以控制、调整其拱轴线，使之符合设计要求。当发现挠度和横向偏移值超过允许值时，应及时分析原因，调整施工程序或采取其他有效措施。对两端起拱线不在同一高程上的拱桥，其拱波、拱板及横向联结构件，在施工进度的掌握上，应注意使低半拱稍快于高半拱，其具体差距可配合施工观测调整，以使拱轴变化对称均匀为准。

(2)预制装配式梁(拱)质量监理实测项目及抽检频率。

①预制和安装梁(板)。

预制和安装梁(板)的基本要求包括以下几个方面。

a. 所用的水泥、砂、石、水、外掺剂及混合材料的质量和规格必须符合有关规范的要求，按规定的配合比施工。

b. 梁(板)不得出现露筋和空洞现象。

c. 空心板采用胶囊施工时，应采取有效措施防止胶囊上浮。

d. 梁(板)在吊移出预制底座时，混凝土的强度不得低于设计所要求的吊装强度；梁(板)在安装时，支承结构(墩台、盖梁、垫石)的强度应符合设计要求。

e. 梁(板)安装前，墩、台支座垫板必须稳固。

f. 梁(板)就位后，梁两端支座应对位，梁(板)底与支座以及支座底与垫石顶须密贴，否则应重新安装。

g. 两梁(板)之间接缝填充材料的规格和强度应符合设计要求。

梁(板)预制、梁(板)安装工程质量监理实测项目见《公路工程质量检验评定标准》。

②预制拱圈节段、桁架拱杆件。

预制拱圈节段、桁架拱杆件的基本要求包括以下几个方面。

a. 混凝土所用的水泥、砂、石、水和外掺剂的质量和规格,必须符合有关规范的规定,按照规定的配合比施工。

b. 不得出现露筋和空洞现象。

预制拱圈节段、桁架拱杆件预制工程质量监理实测项目见《公路工程质量检验评定标准》。

③拱、悬臂拼装的桁架拱的安装。

拱、悬臂拼装的桁架拱的基本要求包括以下几个方面。

a. 拱桥安装必须严格按设计规定的程序进行施工。

b. 拱段接头采用现浇混凝土时,必须确保其强度和质量并在达到设计规定强度或70%后,方可进行拱上建筑的施工。

c. 安装过程中,如杆件或节点出现开裂,应查明原因,采取措施后,方可继续进行。

d. 合龙段两侧高差必须在设计规定的允许范围内。

主拱圈安装、悬臂拼装的桁架拱、腹拱安装工程质量监理实测项目见《公路工程质量检验评定标准》。

6.7.2 就地浇筑梁(拱)质量监理

(1)就地浇筑梁(拱)的监理工作要点。

①在支架上就地浇筑梁(拱)时,监理工程师应特别重视支架的安全与稳定问题。在审查支架方案时,无论使用何种材料的支架,都必须认真地对其强度、刚度和稳定性进行复核计算。在整个施工过程中,尤其是浇筑构件混凝土时,应加强巡视,随时检查支架的偏移和下沉量。

②拱圈、拱肋采用分段浇筑时,各段的接缝面应与拱轴线垂直。各分段点应预留宽度为50~100cm的间隔槽。间隔槽混凝土应等拱圈分段浇筑完成,强度已达到设计标号的70%且接合面已按施工缝处理后再进行浇筑。拱顶及两拱脚间隔槽混凝土应在最后封拱时浇筑。封拱温度应符合设计要求,设计未规定时,宜在接近当地年平均温度或5~15℃时进行。

(2)就地浇筑梁(拱)质量监理实测项目。

①就地浇筑梁(板)。

就地浇筑梁(板)的基本要求包括以下几个方面。

a. 所用的水泥、砂、石、水、外掺剂及混合材料的质量和规格必须符合有关规范要求,按规定的配合比施工。

b. 支架和模板的强度、刚度、稳定性应满足施工技术规范的要求。

c. 预计的支架变形及地基的下沉量应满足施工后梁体设计高程的要求,必要时应采取对支架预压的措施。

d. 梁(板)体不得出现露筋和空洞现象。

e. 预埋件的设置和固定应满足设计和施工技术规范的规定。

就地浇筑梁(板)工程质量监理实测项目见《公路工程质量检验评定标准》。

②就地浇筑拱圈。

就地浇筑拱圈的基本要求包括以下几个方面。

a. 混凝土所用的水泥、砂、石、水和外掺剂的质量和规格，必须符合有关规范的要求，按规定的配合比施工。

b. 支架式拱架必须严格按照施工技术规范的要求进行制作，必须牢固稳定。

c. 拱圈的浇筑必须严格按照设计规定的施工顺序进行。

d. 拱架的卸落必须按照设计和有关规范规定的卸架顺序进行。

e. 不得出现露筋和空洞现象。

就地浇筑拱圈质量监理实测项目见《公路工程质量检验评定标准》。

6.7.3 转体施工梁（拱）质量监理

(1)转体施工梁（拱）的质量监理工作要点。

①施工过程中，监理工程师应加强旁站和巡视，掌握各工序施工实际质量情况。

②各工序完成后，施工单位应在自检合格的基础上填写工序报验单，报监理工程师复查签认。

③转动设施和锚固体系必须经过严格的检查，确认安全可靠后，方可批准进行施工。

④采用双侧对称同步转体施工时，必须设位控体系，严格控制两侧同步，使误差控制在设计允许范围内。

⑤如发现桥体在转体施工过程中出现裂缝，则必须指令施工单位暂停施工，尽快查明原因，采取可靠的补救措施后方可继续转体。

⑥合龙段两测高差必须严格控制在设计允许范围内。接头混凝土的浇筑应在当日最低气温时进行。

⑦当接头混凝土强度达到设计高度70%以上时，应撤除锚扣体系，实现由悬臂受力体系至梁（拱）受力体系的转换。当接头混凝土达到设计强度后，方可最终封固转盘，完成全桥主体的施工。

(2)转体施工梁（拱）质量监理实测项目及抽检频率。

①转体施工梁。

转体施工梁的基本要求包括以下几个方面。

a. 转动设施和锚固体系必须经过严格检查，安全可靠。

b. 采用双侧对称同步转体施工时，必须设位控体系，严格控制两侧同步，使误差控制在设计允许的范围内。

c. 上部构造在转体施工中，若出现裂缝，应查明原因，采取措施后方可继续转体。

d. 合龙段两侧高差必须在设计规定的允许范围内。

转体施工梁质量监理实测项目见《公路工程质量检验评定标准》。

②转体施工拱。

转体施工拱的基本要求包括以下几个方面。

a. 转动设施和锚固体系必须经过严格检查，安全可靠。

b. 采用双侧对称同步转体施工时，必须设位控制系，严格控制两侧同步，使误差控制在设计允许的范围内。

c. 上部构造在转体施工中如出现裂缝，应查明原因，采取措施后方可继续转体施工。

转体施工拱质量监理实测项目见《公路工程质量检验评定标准》。

6.7.4 顶推施工梁桥质量监理

(1)顶推施工梁桥监理工作要点。

①台座和滑道组的中心线应与桥梁中心线的延长线重合,台座的纵坡应与桥梁的纵坡相一致。台座的施工允许偏差如下:

a. 轴线偏差不大于5mm;

b. 相邻两支承点上台座中滑移装置的纵向顶面标高差不大于2mm;

c. 同一个支承点上滑移装置的横向顶面标高差不大于1mm;

d. 台座(包括滑移装置)和梁段底模板顶面标高差不大于2mm。

②监理工程师应提醒施工单位注意,导梁应在地面试装后,方可在台座上进行正式安装,必须确保导梁与梁身之间的连接牢固可靠。

③顶推过程中,应要求施工单位设专人进行以下项目的施工观测:

a. 墩台和临时墩的竖直、水平位移。必要时还应观测其应力变化情况;

b. 桥梁顶推过程中,主梁和导梁控制截面的挠度。必要时还应观测其应力变化;

c. 滑动装置的静摩擦和动摩擦系数。

监理工程师应经常巡视和检查施工单位所进行的上述观测,观测的结果应随时记录、整理。如发现超过设计规定的数值,须分析原因,及时采取措施纠正。

④用顶推法安装的平曲线桥只适用于同半径的圆曲线桥,且其曲线半径不能太小,即每孔曲线桥的平面重心应落在相邻两桥墩上箱梁底板的内外两侧弦连线以内。顶推安装平曲线桥时,监理人员应要求施工单位在施工中须按以下技术要求进行作业:

a. 预制台座的平面及梁身均应按设计制成圆弧线;

b. 导梁仍应制成直线,但在其与主梁的连接处应偏转一定的角度,使两片导梁前端的中心落在曲线梁圆弧的中线上;

c. 对平曲线连续梁桥,宜采用多点拉杆方式顶推,也可采用水平一竖直千斤顶方式顶推。采取纵向与横向顶推相结合的工艺,即在纵向水平千斤顶向前顶推的同时,启动各墩曲线外侧的横向千斤顶,使梁体沿圆弧曲线前进;

d. 当桥梁大部分为直线,只有前端为曲线时,可以采取特殊措施,用千斤顶安装。

⑤用顶推法安装的竖曲线桥只适用于同曲率的竖曲线桥,这一点必须注意。竖曲线桥的顶推工艺与顶推平桥的工艺基本上相同,但应注意以下几点:

a. 各桥墩的墩顶标高必须与设计竖曲线相符合;

b. 预制台座的底模板标高应符合设计竖曲线的曲率;

c. 顶推时所需的水平顶推力的大小应考虑纵坡正负的影响。

(2)顶推施工梁桥质量监理实测项目。

顶推施工梁桥的基本要求包括以下几个方面。

①台座和滑道组的中线必须在桥轴线或其延长线上。

②导梁应在地面试装后,再在台座上安装,导梁与梁身必须牢固连接。

③千斤顶及其他顶推设备在施工前应仔细检查校正,多点顶推必须确保同步。

④顶推过程中,要设专人观测墩台沉降、墩台位移及梁的偏位、导梁和梁挠度等资料,提供观测数据。

⑤顶推及落梁程序正确。若梁体出现裂缝应查明原因,在采取措施后,方可继续顶推。

顶推施工梁桥质量监理实测项目见《公路工程质量检验评定标准》。

6.7.5 悬臂浇筑梁桥质量监理

(1)悬臂浇筑梁桥的质量监理工作要点。

①如果梁身与桥墩设计为非刚性连接,在悬臂浇筑梁身混凝土时,应要求施工单位先将墩顶梁段与桥墩临时固结。临时固结措施必须安全可靠,构造简单,制作和安装、拆卸方便。

②在施工过程中,梁体不允许出现受力裂缝。一量发现裂缝,应立即要求施工单位暂停施工,待查明原因,进行妥善处理后,方可继续施工。

③挂篮在已完成的梁段上行走时,后端应压重稳定;浇筑混凝土时,后端应锚固在已完成的梁段上。挂篮行走和浇筑混凝土时的稳定系数均不应小于1.5。

④监理工程师必须提醒施工单位注意,悬臂浇筑梁桥的桥跨体系转换工作,应在合龙段纵向连续预应力筋张拉压浆全部完成,且临时固结已解除后方可进行,也就是在合龙后将各墩临时支座的反力全部按连续梁支点反力的要求进行转换。支座反力的调整应以高程控制为主,反力作为校核。

⑤在合龙段施工的过程中,由于昼夜温度变化,新浇混凝土的早期收缩,已完成结构混凝土的收缩、徐变,新浇混凝土的水化热影响,结构体系的变化以及施载等因素,对尚未达到强度的合龙段混凝土的质量有直接影响,监理工程师必须重视合龙段的构造措施,认真检查施工单位的临时锁定装置,保证使合龙段与两侧梁体保持变形协调,在施工过程中能够传递内力,确保施工质量。

(2)悬臂浇筑梁桥质量监理实测项目。

悬臂浇筑梁桥的基本要求包括以卜儿个方面。

①悬臂浇筑或合龙段浇筑所用的砂、石、水泥、水、外掺剂及混合材料的质量和规格必须符合有关规范要求,按规定的配合比施工。

②悬拼或悬浇块件前,必须对桥墩根部(0号块件)的高程、桥轴线作详细复核,符合设计要求后,方可进行悬拼或悬浇。

③悬臂施工必须对称进行,应对轴线和高程进行施工控制。

④在施工过程中,梁体不得出现宽度超过设计规范规定的受力裂缝。一旦出现,必须查明原因,经过处理后方可继续施工。

⑤必须确保悬浇或悬拼的接头质量。

⑥悬臂合龙时,两侧梁体的高差应在设计允许范围内。

悬臂浇筑梁桥、悬臂拼装梁桥质量监理实测项目见《公路工程质量检验评定标准》。

6.7.6 系杆拱桥质量监理

(1)系杆拱桥的质量监理工作要点。

①施工期间监理人员应加强旁站或巡视,各道工序施工单位必须先自检,在自检合格的基础上再报监理工程师复检。

②为了减少支架的压缩变形造成模板和梁体的塌腰,在浇筑混凝土前必须要求施工单位对支架进行预压。预压吨位和加载次数,应在支架设计时考虑。为防止地基下陷造成支架沉落,支架的立柱宜落在墩台基础的襟边或现浇混凝土基座上。监理工程师应重视支架的安装与稳定性,在审查支架方案时,对其强度、刚度和稳定性进行认真的复核计算。在整个施工过程中,应加强巡视,随时检查支架的偏移和下沉量。

③拱圈开始吊装前,监理工程师应认真检查吊点位置和吊装设备的安全情况。吊点位置必须符合设计要求。必要时应对吊装设备中的主要承重构件做承载试验,以证明其安全可靠。

检查合格后，方可同意开始吊装。

④必须保证系梁与预制拱圈的接头部位能满足设计所要求的受力状态和使用功能。若使用树脂胶结，做干接头时，涂抹胶结料的混凝土面必须凿毛，胶结前再清洗烘干，然后才能涂抹胶结料。

⑤在竖向吊杆施工过程中，应要求施工单位严格按照设计要求的张拉力和张拉顺序进行操作，防止因操作失当而产生施工裂缝，影响结构的强度和正常使用功能。

(2)系杆拱桥质量监理实测项目。

①劲性骨架混凝土拱。

劲性骨架混凝土拱的基本要求包括以下几个方面。

a. 混凝土所用的水泥、砂、石、水和外掺剂的质量和规格，必须符合有关规范的规定，按照规定的配合比施工。

b. 骨架应按设计要求的钢种、型号及线形精心加工，骨架接头处要在吊装以前进行试拼，以便吊装后骨架迅速成拱。

c. 杆件在施工中，如出现开裂或局部构件失稳，应查明原因，采取措施后，方可继续施工。

d. 吊装骨架应平衡下落，减少骨架变形。浇筑前应校核骨架，进行必要的调整。

e. 混凝土的浇筑应分层对称地按设计规定的顺序进行，无空洞和露筋现象，并严格按设计要求，采取措施以保证骨架的稳定。

f. 浇筑混凝土过程中，应加强观测，严格控制轴线，防止累积误差超出允许范围。

劲性骨架加工、劲性骨架安装、劲性骨架拱混凝土浇筑质量监理实测项目见《公路工程质量检验评定标准》。

②钢管混凝土拱。

钢管混凝土拱的基本要求包括以下几个方面。

a. 使用的钢和其他材料，应符合规范和设计的要求。

b. 钢管的加工和拼接，应按施工规范有关钢桥制作的规定施工。

c. 钢管拱肋节段，必须经检验合格后方可安装。

d. 钢管拱在安装过程中，必须加强横向稳定措施，扣挂系统应符合设计和规范要求。

e. 管内混凝土应采用泵送顶升压注施工，由拱脚至拱顶对称均衡地一次压注完成。

f. 钢管混凝土应具有低泡、大流动、收缩补偿、延后初凝的性能。管内混凝土的浇筑应严格按设计要求进行，并对混凝土的质量进行检测。

g. 钢管的防护应符合设计要求。

钢管拱肋制作、钢管拱肋安装、钢管拱肋混凝土浇筑质量监理实测项目见《公路工程质量检验评定标准》。

③中下承式拱吊杆和柔性系杆。

吊杆与柔性系杆的基本要求包括以下几个方面。

a. 吊杆、系杆及锚具材料规格和各项技术性能必须符合国家现行标准规定和设计要求。

b. 锚垫板平面须与孔道轴线垂直。

c. 吊杆、系杆防护必须符合设计和规范要求。

d. 严格按设计规定程序进行施工。

吊杆的制作与安装、柔性系杆质量监理实测项目见《公路工程质量检验评定标准》。

6.7.7 悬索桥质量监理

(1)悬索桥的监理工作要点。

①索塔施工应严格遵守高空作业的安全操作规程,在块件或杆件安装过程中,应要求施工单位随时检查起重设备,保证施工安全。塔身修建到一定高度后,应采取稳定措施或设置风缆。在修建塔身的过程中,应密切注意天气变化,发生大风或雷雨时应停止作业。

②基础的地基承载力必须满足设计要求。锚室内不得渗水、积水。

③利用悬索桥主索作为运送梁节的索道以安装加劲梁时,应从跨中向两岸进行,索夹与吊杆应配合加劲梁同时安装,不允许先安装索夹、吊杆。

④在安装活动支座时,应考虑安装时的温度与设计温度之差及加劲梁下弦承受荷载发生的平均拉应力引起的伸长量而使支座摇臂产生偏移的因素,将支座摇臂或滚轴按照上述偏移值的一半向反向的一侧偏移。

(2)悬索桥质量监理实测项目。

①混凝土索塔。

混凝土索塔的基本要求包括以下几个方面。

a. 混凝土所用的水泥、砂、石、水、外掺剂及混合材料的质量和规格必须符合有关规范的要求,按规定的配合比施工。

b. 分段浇筑时段与段间不得有错台。

c. 不得出现露筋和空洞现象。

d. 横系梁施工中,不得因支架变形、温度或预应力而出现裂缝。

悬索桥塔柱段质量监理实测项目见《公路工程质量检验评定标准》。

②锚碇锚固体系制作。

锚碇锚固体系制作的基本要求包括以下几个方面。

a. 所采用金属材料的力学性能及化学成份必须满足设计要求。

b. 组成刚架杆件和锚杆、锚梁的元件的加工尺寸和刚架的预拼装精度应符合设计和有关技术规范要求,并经监理工程师检查验收签字认可后,方可进行下一道工序。

c. 在批量生产前,须按设计要求的抽样方法与频率,对拉杆、连接器进行破断拉力试验,试验结果应满足设计要求。

d. 构件防护应符合设计要求。

预应力锚固体系制作、刚架锚固体系制作质量监理实测项目《公路工程质量检验评定标准》。

③锚碇锚固体系安装。

锚碇锚固体系安装的基本要求包括以下几个方面。

a. 锚固系统必须有合格证书,经验收合格后方可安装。

b. 施工放样方法须经监理工程师签字认可,并对测量仪器进行校正和标定。

c. 锚固系统必须安装牢固,在浇筑混凝土时不扰动,不变位。混凝土达到设计规定的强度后,方可按规定程序进行张拉。

d. 按设计要求进行防护处理。

预应力锚固系统安装、刚架锚固系统安装质量监理实测项目见《公路工程质量检验评定标准》。

④锚碇混凝土块体。

锚碇混凝土块体的基本要求包括以下几个方面。

a. 混凝土所用的水泥,砂、石、水、外掺剂及混合材料的质量和规格必须符合有关规范的要求,按规定的配合比施工。

b. 地基承载力必须满足设计要求。

c. 锚体上、下层不得有错台。先后浇筑的混凝土层间预埋钢筋的规格、长度、数量、间距必须满足设计和施工技术规范的要求。

d. 水化热产生的混凝土内最高温度及内外温差,必须控制在允许范围内。

e. 不得出现空洞和露筋现象。

f. 锚室不得积水、渗水。

锚碇混凝土块体质量监理实测项目见《公路工程质量检验评定标准》。

⑤悬索桥索鞍制作。

索鞍制作的基本要求包括以下几个方面。

a. 鞍槽铸钢件出厂前须出具质量合格证明书,其内容应有:制造厂名称代号、图号或件号(发运号)、炉号、化学成分、机械性能试验报告、无损检测报告,以及合同明确规定的其他内容。

b. 鞍座钢板必须按有关标准逐张进行超声波探伤,成批钢板应按设计和有关规范规定的频率和方法抽样进行化学成分和机械性能试验。探伤和试验结果须合格后方可使用。

c. 焊接材料必须采用经焊接工艺评定合格、并经验收符合要求的焊条、焊丝和焊剂,对所有焊缝应按设计要求进行无损探伤。探伤结果必须合格。

d. 施焊前,应对母材、焊条及坡口形式,焊接质量等,按焊接规范和设计要求进行焊接工艺评定,实施的焊接工艺应经监理工程师签字认可。

e. 铸钢件、钢板和焊缝经检测后如发现表面、内部有超标缺陷,必须按有关规范和设计要求的方法进行修补,修补后应检验合格,并作好修补记录备查。

f. 出厂前必须先进行试拼装,各零部件应印有识别标记和定位标记,当符合要求并由监理签发合格证后才可发运到工地安装。产品在搬动运输和储存过程中应妥善保护,不得使任何零部件和涂装受到损伤和散失。

g. 索鞍防护处理应符合设计要求。

主索鞍制作、散索鞍制作质量监理实测项目见《公路工程质量检验评定标准》。

⑥索鞍安装。

索鞍安装的基本要求包括以下几个方面。

a. 索鞍成品必须按设计和有关技术规范要求验收合格,并有产品合格证,方可安装。

b. 必须按设计和有关技术规范要求放置底板或格撮,并与底座混凝土连成整体。底座混凝土应振捣密实,强度符合设计要求。

c. 安装前应进行全面检查,如有损伤,须作处理。索槽内部应清洁不应沾上减少缆索和索鞍之间摩擦的油或油漆等材料。

d. 索鞍就位后应锁定牢靠。

主索鞍安装、散索鞍安装质量监理实测项目见《公路工程质量检验评定标准》。

⑦悬索桥索股和锚头的制作与防护。

索股和锚头的基本要求包括以下几个方面。

a. 索股和锚头钢材的化学成份和力学性能必须符合设计和有关技术规范的要求。

b. 索股的锚杯和锚板必须逐件进行无破损探伤检测,合格后方可使用。

c. 索股在成批生产前，必须按设计要求进行拉伸破坏试验，试验后锚头进行剖面检查，合格后方可生产。

d. 索股钢丝应梳理顺直平行，长度一致，无交叉、鼓丝、扭转现象，严禁弯折；绑扎带牢固，索股上的标志点应齐全、准确，防护符合设计要求。

e. 应对索股的上盘和放盘进行工艺试验。

f. 运输和存贮过程中应保证索股不受损伤、污染和腐蚀。

索股和锚头的制作与防护质量监理实测项目见《公路工程质量检验评定标准》。

⑧主缆架设。

主缆架设的基本要求包括以下几个方面。

a. 索股成品应有合格证，必须按设计和有关技术规范要求验收合格方可架设。

b. 索股入鞍、入锚位置必须符合设计要求，架设时严禁索股弯折，扭转和散开。

c. 索股锚固应与锚板正交，锚头锁定装置应牢固。

主缆架设监理质量实测项目见《公路工程质量检验评定标准》。

⑨主缆防护。

主缆防护的基本要求包括以下几个方面。

a. 防护前必须清除主缆钢丝表面的灰尘、油污和水分，保持干燥、干净。涂膏应均匀地填满主缆外侧钢丝与缠丝之间的间隙，涂膏性能必须符合设计要求。

b. 缠丝前应对缠丝机进行标定。

c. 缠绕钢丝应嵌进索夹端部留出的凹槽内不少于 3 圈，绕丝端部必须牢固地嵌入索夹端部槽内并予焊接固定，不得松动。

d. 主缆防护的缆套安装，其各处密封性能必须良好。

主缆防护质量监理实测项目见《公路工程质量检验评定标准》。

⑩悬索桥索夹制作与防护。

悬索桥索夹的基本要求包括以下几个方面。

a. 铸钢及螺杆材料的化学成分，力学性能必须符合设计和有关技术规范要求。

b. 分批热处理的铸钢件和合金结构钢均必须按设计和有关技术规范要求进行验收，验收结果必须合格。

c. 每一件加工成品（索夹和螺杆）都必须按设计要求和有关技术规范的规定进行无损探伤，检测结果须合格。每对索夹两半部分必须先进行试拼装，经过监理签发产品质量合格证后方可按编号包装运输到工地安装。运输和存放要按规定妥善保护好，不得使任何部件受到永久性损伤。

d. 每一半索夹如有超标缺陷应按设计要求进行修补，但修补点不允许超过 2 个，同一修补点不允许修补 2 次，要求作好修补记录备查。

e. 铸钢件加工面不得有气孔、砂眼、缩松等可见缺陷，如检查发现，必须按设计要求修补。

f. 索夹与螺杆的螺母和垫圈的接触面，须与螺杆轴线相垂直，加工精度必须符合图纸要求。

g. 各表面防护处理应符合设计要求。

索夹制作与防护质量监理实测项目见《公路工程质量检验评定标准》。

⑪悬索桥吊索和锚头的制作与防护。

吊索和锚头的基本要求包括以下几个方面。

a. 吊索、锚杯铸钢、锌铜合金及耳板锻钢等材料的化学成分和各项力学性能必须符合设计和有关技术规范要求。

b. 吊索的锚杯和耳板必须逐件按设计要求进行无损探伤检测，检测结果须合格方可使用。

c. 吊索、耳板的防护应符合设计要求。

d. 必须按设计要求进行组装件拉伸破坏试验，试验结果符合要求后方可成批生产吊索和锚头。

e. 吊索和锚头的装配成品必须有经监理工程师签认的产品质量合格证方能绕盘包装运输到工地进行架设，运输和存贮过程中应保证成品不受损伤。

f. 吊索的下料及长度标记，应在设计要求的拉力下测量，在锚头附近必须同时设置长度标志点和方向标志点。

吊索和锚头制作与防护质量监理实测项目见《公路工程质量检验评定标准》。

⑫索夹和吊索安装。

索夹和吊索的基本要求包括以下几个方面。

a. 螺栓紧固设备应事先标定，按设计和有关技术规范要求分阶段检查螺杆中的拉力，并予补紧。

b. 螺杆孔、上下索夹缝隙及其端部接合处和主缆缠丝处必须用合格的密封材料填实，确保螺杆被密封材料环绕并与主缆钢丝隔开。密封前螺杆孔里须清除水分，保持干燥。

c. 锚头锁定装置须牢固。

d. 工地涂装用防护材料必须符合设计和有关技术规范要求，涂装前索夹和锚头表面应按设计要求进行处理，达到要求后方可进行涂装防护施工。

索夹和吊索安装质量监理实测项目见《公路工程质量检验评定标准》。

⑬悬索桥钢加劲梁梁段制作。

悬索桥钢加劲梁梁段的基本要求包括以下几个方面。

a. 钢加劲梁（梁段）采用的钢材和焊接材料的品种规格、化学成分及力学性能必须符合设计和有关技术规范的要求，具有完整的出厂质量合格证明，并经制作厂家和监理工程师复检合格后方可使用。

b. 钢加劲梁（梁段）元件、临时吊点和养护车轨道吊点等的加工尺寸和钢梁（梁段）预拼装精度应符合设计和有关技术规范的要求，并经监理工程师分阶段检查验收签字认可后，方可进行下一道工序。

c. 钢加劲梁（梁段）制作前必须进行焊接工艺评定试验，评定结果应符合技术规范的要求并经监理工程师签字认可，制定实施性焊接施工工艺。施焊人员必须具有相应的焊接资格证和上岗证。

d. 同一部位的焊缝返修不能超过二次，返修后的焊缝应按原质量标准进行复验，并且合格。

e. 高强螺栓连接摩擦面的抗滑移系数应进行检验，检验结果须符合设计要求。

f. 钢加劲梁梁段必须进行试组装，并按设计和有关技术规范要求进行验收。工地安装施工人员应参加试组装及验收。验收合格后填发梁段产品合格证，方可出厂安装。

g. 钢加劲梁（梁段）元件和钢加劲梁（梁段）的存放，应防止变形、碰撞损伤和损坏漆面，不得采用变形元件。

h. 排水设施、灯座、护栏、路缘石、栏杆柱预埋件和剪力键等均应按设计图纸安装完成,无遗漏且位置准确。

钢箱梁段制作质量监理实测项目见《公路工程质量检验评定标准》。

⑭悬索桥钢加劲梁安装。

悬索桥钢加劲梁的基本要求包括以下几个方面。

a. 所使用的焊接材料和紧固件必须符合设计和技术规范的要求。

b. 应按设计规定的程序进行安装。

c. 工地安装焊缝应事先进行焊接工艺评定试验,施焊应按监理工程师批准的焊接工艺方案进行。施焊人员必须具有相应的焊接资格证和上岗证。

d. 按设计和有关技术规范要求进行焊缝探伤检验,检验结果应合格。同一部位的焊缝返修不能超过2次,返修后的焊缝应按原质量标准进行复验,并且合格。

e. 高强螺栓连接摩擦面的抗滑移系数应对随梁发送的试板进行检验,检验结果须符合设计要求。

f. 钢梁运输、吊装过程中应采取可靠措施防止构件变形、碰撞或损坏漆面,严禁在工地安装具有变形构件的钢梁。

g. 须按设计规定的阶段,将主索鞍顶推至规定位置。

钢加劲梁安装质量监理实测项目见《公路工程质量检验评定标准》。

6.7.8 斜拉桥质量监理

(1)斜拉桥监理工作要点。

①斜拉桥的施工方案和施工程序直接影响斜拉桥的内力和变形,在施工过程中必须严格按设计规定的程序进行。

②斜缆索制备的铸锚工序十分重要。监理工程师必须提醒施工单位注意以下几点:

a. 环氧树脂胶粘剂的配方和密实程度。

b. 高温固化条件应是升温30~40℃/h,升温至150℃后恒温4h,最后降至室温保持6~8h。

c. 环氧树脂钢球的抗压强度应在160MPa以上或符合设计要求,使用前必须除锈、烘干后密封保存,使用时应光亮,且呈白色。在铸锚过程中,监理人员应加强巡视检查。

③索塔逐节上升,其垂直度必须从下而上保持在规定的范围内。施工过程中任何支架的设立均应避开观测索塔纵、横向中线的方向。

④在各施工阶段,施工单位必须根据当时的实际结构体系和荷载情况进行计算。施工过程中对包括临时构件在内的结构体系进行计算分析。监理工程师应对施工单位的计算结果进行复核验算。验算项目一般有:主梁应力、挠度、转角、桥中线方向的长度变化;塔架的应力、顶部水平位移、倾斜角;斜缆(包括临时斜缆)的拉力、伸缩量;支座(包括临时支座及临时支撑)的反力及变位量。

⑤为使主梁的线形和高程最终符合设计要求,施工过程中应要求施工单位随时对主梁高程进行测量和控制,并对其测量结果进行测量和控制。在控制中,还必须考虑到主梁受体系温差和不均匀温升所引起的高程变化。

(2)斜拉桥质量监理实测项目。

①混凝土索塔。

混凝土索塔的基本要求包括以下几个方面。

a. 混凝土所用的水泥、砂、石、水、外掺剂及混合材料的质量和规格必须符合有关规范的要求，按规定的配合比施工。

b. 索塔的索道孔、锚箱位置及锚箱锚固面与水平面的交角均应控制准确，锚垫板与孔道必须互相垂直。

c. 分段浇筑时段与段间不得有错台。

d. 不得出现露筋和空洞现象。

e. 横梁施工中，不得因支架变形、温度或预应力而出现裂缝，横梁与塔柱紧密连成整体。

斜拉桥塔柱段、横梁质量监理实测项目见《公路工程质量检验评定标准》。

②平行钢丝斜拉索制作与防护。

平行钢丝斜拉索的基本要求包括以下几个方面。

a. 镀锌钢丝、锚头锻钢材料的各项技术性能必须符合设计要求。

b. 钢丝必须梳理顺直，热挤时平行钢丝束的扭转角度应满足技术规范要求得松散。

c. 热挤防护采用的高密度聚乙烯材料的技术性能应符合设计要求。防护处理的程序、温度、时间与方法，均应严格控制。防护层不应有断裂、裂纹。

d. 锚头机械精加工尺寸应满足设计图纸要求。锚头必须按设计或规范要求进行探伤，检查结果必须合格。

e. 钢丝镦头不得有横向裂纹。每镦头一批，须仔细对镦头机进行检查调整，以保证镦头质量。

f. 冷铸材料配料应准确，加温固化应严格控制程序、温度和时间。

g. 斜拉索安装前，均应作1.3~1.5倍设计荷载的预张拉试验，锚板回缩量不大于6mm，试验后锚具完好。

h. 斜拉索成品在出厂前须做放索试验。

平行钢丝斜拉索制作与防护质量监理实测项目见《公路工程质量检验评定标准》。

③混凝土斜拉桥主墩上梁段的浇筑。

混凝土斜拉桥主墩上梁段浇筑的基本要求包括以下几个方面。

a. 混凝土所用的水泥、砂、石、水、外掺剂及混合材料的质量和规格必须符合有关规范的要求，按规定的配合比施工。

b. 不得出现露筋和空洞现象。

c. 施工过程中，梁体不得出现宽度超过设计规范规定的受力裂缝。一旦出现，必须查明原因，经过处理后方可继续施工。

主墩上梁段浇筑质量监理实测项目见《公路工程质量检验评定标准》。

④混凝土斜拉桥梁的悬臂浇筑施工。

悬臂浇筑的基本要求包括以下几个方面。

a. 混凝土所用的水泥、砂、石、水、外掺剂及混合材料的质量和规格必须符合有关规范的要求，严格按规定的配合比施工。

b. 千斤顶及油表等斜拉索张拉工具，必须事先经过检查和标定。

c. 穿索前应将锚箱孔道毛刺打平，避免损伤斜拉索。

d. 施工过程中必须对索力、高程及塔柱变形进行观测，并记录当时的温度。

e. 悬臂施工块件前，必须对0号块件的高程、桥轴线作详细复核，符合设计要求后方可进行悬臂块件的施工。

f. 悬臂施工必须对称进行，斜拉索张拉的次数、量值和顺序应按设计规定或施工控制要求进行。

g. 悬臂施工跨中合龙前，应调整超出允许范围的索力值。合龙段两侧的高差，必须在设计允许范围内。

h. 梁体不得出现露筋和空洞现象，不得出现宽度超过设计和规范规定的受力裂缝。若出现时必须查明原因，经过处理后方可继续施工。

i. 施工过程中，当索力和高程超过设计允许偏差时，必须按施工控制的要求进行调整。

j. 接头的形式、位置及其他技术性能必须满足设计要求。

混凝土斜拉桥梁的悬臂浇筑、混凝土斜拉桥梁的悬臂拼装质量监理实测项目见《公路工程质量检验评定标准》。

⑤钢斜拉桥的箱梁段制作。

钢斜拉桥的箱梁段制作同相关章节。钢箱梁段制作质量监理实测项目见《公路工程质量检验评定标准》。

⑥钢斜拉桥箱梁段的拼装。

钢斜拉桥箱梁段拼装的基本要求包括以下几个方面。

a. 钢箱梁拼装架设时采用的高强螺栓、焊接材料的品种规格、化学成分及力学性能必须符合设计和有关技术规范的要求。

b. 在工厂制作的斜拉索成品必须有经监理工程师签认的产品质量合格证，方能在工地架设使用。

c. 钢箱梁段必须验收合格后方能在工地拼装。

d. 工地安装焊缝必须事先进行焊接工艺评定试验，施焊必须按监理工程师批准的焊接工艺方案进行。施焊人员必须具有相应的焊接资格证和上岗证。

e. 同一部位的焊缝返修不能超过 2 次，返修后的焊缝应按原质量标准进行复验，并且合格。

f. 高强螺栓连接摩擦面的抗滑移系数应对随梁发送的试板进行检验，检验结果须符合设计要求。

g. 千斤项和油表等斜拉索张拉工具，以及高强螺栓测力扳手必须事先经过检查和标定。

h. 施工过程中必须对索力、高程及塔柱变形进行观测，并记录现场的温度。当索力和标高超过设计允许偏差时，必须按施工控制的要求进行调整。

i. 悬臂施工必须按照设计要求对称进行。

钢斜拉桥箱梁段的悬臂拼装、钢斜拉桥钢箱梁段的支加强安装质量监理实测项目见《公路工程质量检验评定标准》。

⑦结合梁斜拉桥的工字梁段制作。

结合梁斜拉桥的工字梁段制作同相关章节。其质量监理实测项目见《公路工程质量检验评定标准》。

⑧结合梁斜拉桥工字梁段的悬臂拼装。

结合梁斜拉桥工字梁段的悬臂拼装同相关章节，其质量监理实测项目见《公路工程质量检验评定标准》。

⑨结合梁斜拉桥的混凝土板。

结合梁斜拉桥的基本要求包括以下几个方面。

a. 混凝土所用的水泥、砂、石、水、外掺剂及混合材料的质量和规格必须符合有关规范的要求,按规定的配合比施工。

b. 混凝土板的浇筑或安装必须按照设计要求,对称进行。

c. 不得出现露筋和空洞现象。

d. 施工过程中,当索力和高程超过设计允许偏差时,必须按施工控制的要求进行调整。

结合梁斜拉桥混凝土板施工质量监理实测项目见《公路工程质量检验评定标准》。

6.8 桥面系及附属工程质量监理

6.8.1 桥面铺装质量监理

(1)桥面铺装监理工作要点。

①审阅施工单位申报的施工工艺;对各种原材料必须进行抽检试验,不合格材料不得用于配合比试验及施工中;对于施工单位的配合比试验,监理必须进行独立的对比试验。

②沥青混凝土铺装前对桥面进行检查,桥面应平整、粗糙、干燥、整洁。桥面横坡应符合要求,不符合时应予处理。铺筑前应洒布粘层沥青,石油沥青洒布量为0.3~0.5L/m^3。

③水泥混凝土铺装必须在横向联结钢板焊接工作完成后才可进行,以免后焊的钢板使桥面水泥混凝土在接缝处产生裂纹。

④摊铺作业应从一联的一端伸缩缝开始,单幅全宽向前推移施工,并且一联摊铺作业应连续进行,不得中断。特殊情况必须停止施工时,施工缝应采用横向平接缝,下次摊铺前施工缝严格按规范要求处理。

⑤水泥混凝土桥面铺装,其做面应采取防滑措施,做面宜分两次进行,第二次抹平后,沿横坡方向拉毛或采用机具压槽,其深度应为1~2mm。

(2)桥面铺装质量监理实测项目。

①桥面防水层。

桥面防水层的基本要求包括以下几个方面。

a. 防水材料的规格和性能必须符合设计要求,防水层至少应有不低于桥面沥青混凝土铺装层使用年限的寿命,并能适应动荷载及混凝土桥面开裂时不损坏的特点。

b. 在喷涂防水涂料前,混凝土表面应清除垃圾、杂物、油污与浮浆,并保持干净和干燥。

c. 喷涂应严格按规定的工艺施工。

d. 防水层的抗渗性应符合设计要求,必要时应现场做抗渗试验。

e. 预计涂料表面在干燥前会下雨,则不应施工。施工过程中,严禁踩踏未干的防水层。防水层干燥后,可行驶10t以下汽车,但不得在其上急转弯或紧急制动。

防水层质量监理实测项目见《公路工程质量检验评定标准》。

②桥面铺装。

桥面铺装的基本要求包括以下几个方面。

a. 水泥混凝土桥面的基本要求同水泥混凝土路面,沥青混凝土桥面的基本要求同沥青混凝土路面。

b. 桥面泄水孔进水口的布置应有利于桥面和渗入水的排除,其数量不得少于设计要求,出水口不得使水直接冲刷桥体。

桥面铺装、复合桥面水泥混凝土铺装质量监理实测项目见《公路工程质量检验评定标准》。

(3)支座安装质量监理实测项目。

①支座垫石和挡块。

支座垫石和挡块的基本要求包括以下几个方面。

a. 混凝土所用的水泥、砂、石、水、外掺剂及混合材料的质量和规格,必须符合有关技术规范的要求,按规定的配合比施工。

b. 支座垫石不得出现露筋、空洞、蜂窝、麻面现象及任何裂缝。

支座垫石、挡块质量监理实测项目见《公路工程质量检验评定标准》。

②支座安装。

支座安装的基本要求包括以下几个方面。

a. 支座的材料、规格和质量必须满足设计和有关规范的要求,经验收合格后方可安装。

b. 支座底板调平砂浆性能应符合设计要求,灌注密实,不得留有空洞。

c. 支座上下各部件纵轴线必须对正。当安装时温度与设计要求不同时,应通过计算设置支座顺桥向预偏量。

d. 支座不得发生偏歪、不均匀受力和脱空现象。滑动面上的四氟滑板和不锈钢板不得刮伤,安装前必须涂上硅脂油。

支座安装质量监理实测项目见《公路工程质量检验评定标准》。

③斜拉桥、悬索桥的支座安装。

支座安装的基本要求包括以下几个方面。

a. 支座的材料、规格和质量必须满足设计和有关技术规范的要求,支座垫石应检验合格。

b. 支座成品必须有产品合格证。

c. 支座成品必须按设计和有关技术规范的规定进行试验和检测,其结果必须满足要求。

d. 支座底板调平砂浆性能应符合设计要求,灌注密实,不得留有空洞。

e. 当安装时温度与设计要求不同时,应通过计算设置支座顺桥向预偏量。

f. 支座不得发生偏歪、不均匀受力和脱空现象。滑动面上的四氟滑板和不锈钢板不得刮伤,安装前必须涂上硅脂油。

斜拉桥、悬索桥的支座安装质量监理实测项目见《公路工程质量检验评定标准》。

6.8.2 伸缩装置质量监理

(1)伸缩装置质量监理工作要点。

①监理工程师应对进场产品进行检查验收,伸缩装置必须有生产厂家有效的产品合格证、施工说明书以及施工单位的购货单。对于板式橡胶伸缩装置,应有成品解剖检验证明,其附件(包括螺栓、螺母、弹簧垫圈等)均应配套供应。所有上述要求,均必须施工单位自检合格,证明材料的规格、性能均符合设计要求时,才可向监理工程师报验。

②监理工程师必须检查两梁板间以及梁板与桥台间的缝隙是否与设计值一致,若梁端不齐或缝隙宽度超出允许误差,必须采取调整梁位等措施进行处理,缝宽满足要求后方可安装伸缩装置。

③伸缩装置的缝隙是与设计施工温度相对应的。监理必须首先控制在规定温度时进行伸缩装置安装。施工温度不能保证与设计温度一致时,应根据有关规定调整当时施工温度下的缝隙宽度。

④现浇过渡段混凝土前,监理必须对伸缩装置与预埋锚固筋的焊接进行检查,特别注意伸

缩缝间隙必须用聚乙烯泡沫板填塞严密,避免混凝土漏浆堵塞梁端缝隙。

⑤伸缩装置的现浇混凝土必须是防腐防水混凝土。

⑥安装橡胶板时,在螺栓旋紧后,监理应旁站密封胶灌注及防蚀脂的涂刷,要求每段橡胶板拼装时,在企口连接处涂刷密封胶,接缝平整不漏水。

(2)伸缩装置质量监理实测项目。

伸缩缝的基本要求包括以下几个方面。

①伸缩缝必须满足设计和有关技术规范的要求,须有合格证,并经验收合格后方可安装。

②伸缩缝必须锚固牢靠,伸缩性能必须有效。

③伸缩缝两侧混凝土的类型和强度,必须符合设计要求。

④大型伸缩缝与钢梁连接处的焊缝,应作超声检测,检测结果须合格。

⑤伸缩缝处不得积水。

伸缩缝安装质量监理实测项目见《公路工程质量检验评定标准》。

(3)人行道铺设。

人行道铺设的基本要求包括以下几个方面。

①悬臂式人行道必须在横向与主梁牢固连结。

②人行道板必须在人行道梁锚固后方可铺设。

人行道铺设质量监理实测项目见《公路工程质量检验评定标准》。

6.8.3 护栏质量监理

(1)护栏施工质量监理工作要点。

①审查生产厂(分包单位)的资质,考察生产厂的生产设备、工艺流程、质保体系以及是否具备在合同期内完成任务的生产能力;若有疑问,应向建设单位或施工单位提出改进或转换分包单位。

②考察生产材料的进口渠道,以及能否满足加工要求及材料品质,定期不定期地对生产厂商进行检查,主要检查生产工艺(如护栏的热镀塑或热镀锌工艺能否满足规定要求),除锈及涂料厚度能否达到质量标准要求。如有疑问,应向建设单位或施工单位提出改进或转换分包单位。

③成品进入工地,应有生产厂家的合格证书,并由承包方的质检人员检查其是否有缺件、掉角、扭曲、擦伤等缺陷。监理工程师可陪同旁站检查或另抽检20% ~30%。检查出的缺陷产品超过误差允许规定时应加倍检查,检查结果无论合格与否,该批产品在未修复到合格前都不能用于工程上。

④安装或浇筑混凝土前,应检查复核施工单位的施工放样是否符合设计图纸规定,并应随着主体工程顺直或弯曲,使整体线形协调顺畅。

⑤对于防撞护栏,应检查验收梁板中的预埋钢筋是否符合设计图纸规定;钢模是否变形;对现浇混凝土施工进行旁站检查。

⑥预制安装的质量控制。护栏柱埋入深度必须符合图纸规定,所有用于工程的成品必须无疵病和缺陷。工程完工后由施工单位自检,自检合格向监理工程师报送中间交工证书,监理师按规范标准及频率进行验收。对不符合要求的工程,施工单位应自费进行整修或返工。

(2)护栏施工质量监理实测项目及抽检频率。

①栏杆安装。

栏杆安装的基本要求包括以下几个方面。

a. 栏杆杆件不得有弯曲或断裂现象。

b. 栏杆必须在人行道板铺完后方可安装。

c. 栏杆安装必须牢固,其杆件连接处的填缝料必须饱满平整强度应满足设计要求。

栏杆安装质量监理实测项目见《公路工程质量检验评定标准》。

②混凝土防撞护栏。

混凝土防撞护栏的基本要求包括以下几个方面。

a. 所用的水泥、砂,石、水和外掺剂的质量和规格必须符合有关规范的要求,按规定的配合比施工。

b. 不得出现露筋和空洞现象。

c. 防撞护栏上的钢构件应焊接牢固,焊缝应满足设计和有关规范的要求,并按设计要求进行防护。

混凝土防撞栏浇筑质量监理实测项目见《公路工程质量检验评定标准》。

6.8.4 桥头搭板质量监理

(1)桥头搭板质量监理工作要点。

①若台后为软土处理,应首先观测结构物台后路基沉降控制值是否已完成,只有沉降已满足设计要求后,方可开始桥头搭板的施工。

②板底基层高程、压实度和平整度必须符合有关规定,高程不足的部分禁止用基层料贴补。征得监理工程师同意,可用素混凝土找平或搭板混凝土一次浇筑完毕。

③台背墙顶与搭板的接缝必须垫有油毛毡。

(2)桥头搭板质量监理实测项目。

桥头搭板的基本要求包括以下几个方面。

①所用的水泥、砂、石、水和外掺剂的质量和规格必须符合有关规范的要求,按规定的配合比施工。

②桥头搭板下的地基及垫层或路面基层的强度和压实度必须满足设计要求。

③不得出现露筋和空洞现象。

桥头搭板质量监理实测项目见《公路工程质量检验评定标准》。

7 隧道工程质量监理

7.1 隧道工程质量监理的工作要点

监理工程师按合同要求对隧道施工的全过程进行监控,包括对施工方案、施工工艺的审核和对各工程部位、各道工序施工的控制,使隧道的工程质量满足合同要求。

(1)审核施工单位的施工组织设计和每道工序的施工方案、施工工艺。施工方案和施工工艺要符合设计文件、技术规范及实际地质情况。审核机械设备及人员投入情况和施工单位质量保证体系建立情况。

(2)严格控制隧道钻进和衬砌时的轴线位置和高程的测量精度。由两端洞口同时向内钻进施工时,最后贯通的轴线位置和高程误差要控制在规范允许范围内。

(3)严格控制洞身开挖的断面尺寸。要杜绝欠挖,超挖量控制在规范允许范围内。遇到地质情况变化时,应及时要求施工单位调整开挖工艺。

(4)检查每道工序的施工质量，尤其是要加强对隐蔽工程和预埋件的检查验收。

7.2 隧道洞口工程质量监理

7.2.1 仰坡和边坡施工监理

(1)复测中桩及开挖边线的平面位置和高程。若实际地形与设计偏差较大，应通知设计代表变更仰坡和边坡设计，使开挖及隧道洞口位置更加合理。

(2)巡视检查仰坡、边坡开挖施工过程。开挖方法要合理，避免开挖施工时对坡面和山体的稳定造成影响。

(3)坡面修坡合格后，方可同意施工单位进行防护施工，防止出现边防护边修坡现象，以保证防护质量。

7.2.2 明洞施工质量监理

(1)明洞施工监理工作要点。

①审核施工单位的分项工程开工申请报告，重点审核其施工工艺。施工工艺要满足设计和技术规范要求，满足实际地形地质条件。根据明洞的结构形式、地形地质状况等选取最合适的施工方案，使今后施工能够在保证质量的前提下，做到经济和高效。

②加强对钢筋、模板的加工和安装情况检查，旁站混凝土灌注过程。确保明洞结构物的平面位置、高程、断面尺寸及内在质量均满足要求。

③当采用先拱后墙或拱墙交替法施工时，监理要时刻注意拱圈的稳定情况，必要时应督促施工单位对拱脚进行加固处理，防止拱圈下沉。

④检查明洞衬砌背后的防水层和回填施工情况。防水层需分层施工，与衬砌混凝土紧贴。回填要对称分层填筑，填筑材料符合设计或规范要求，回填土的密度要满足设计要求。

(2)明洞施工质量监理实测项目及抽检频率。

①明洞浇筑。

明洞浇筑的基本要求包括以下几个方面。

a. 水泥、砂、石、水及外掺剂的质量须符合设计和规范要求。按规定的配合比施工。

b. 寒冷地区混凝土骨料应按有关规定进行抗冻试验，结果应符合规范要求。

c. 基础的地基承载力须满足设计和规范要求，严禁超挖回填虚土。

d. 钢筋的加工、接头、焊接和安装以及混凝土的拌制、运输、灌注、养护、拆模均须符合设计和规范要求。

e. 明洞与暗洞应连接良好，符合设计和规范要求。

明洞浇筑质量监理实测项目见《公路工程质量检验评定标准》。

②明洞防水层。

明洞防水层的基本要求包括以下几个方面。

a. 防水材料的质量、规格等应符合设计和规范要求。

b. 防水层施工前，明洞混凝土外部应平整，不得有钢筋露出。

c. 明洞外模拆除后应立即做好防水层和纵向盲沟。

明洞防水层质量监理实测项目见《公路工程质量检验评定标准》。

③明洞回填。

明洞回填的基本要求包括以下几个方面。

a. 墙背回填应两侧同时进行。

b. 人工回填时,拱圈混凝土的强度应达到设计强度的75%。机械回填时,拱圈混凝土强度应达到设计强度且拱圈外人工夯填厚度不小于1.0m。

c. 明洞黏土隔水层应与边坡、仰坡搭接良好,封闭紧密。

明洞回填质量监理实测项目见《公路工程质量检验评定标准》。

7.2.3 洞门施工质量监理

(1)洞门施工质量监理工作要点。

洞门端墙和翼墙施工质量要求,与砌体及混凝土挡土墙相同,洞门施工的质量监理工作,除按相应的挡土墙施工质量监理外,监理工程师还应注意以下内容:

①督促施工单位尽早修筑洞门,以增强洞口稳定,避免洞口滑坡塌方而影响施工。

②洞门端墙要与衬砌紧密连接,使之成一整体。

③洞门端墙的砌筑与墙背回填要同时进行,衬砌拱两侧端墙和回填要同时对称施工防止施工不当对衬砌产生偏压。

④镶面用的粗料石要事先根据墙身形状和尺寸进行计算,专门加工,使砌筑后的洞门美观。

⑤洞门墙的基础必须置于稳固地基上,基底承载力及基础埋置深度均要满足设计要求,保证洞门的稳定性。

(2)洞门施工质量监理实测项目及抽检频率。

洞口的基本要求包括以下几个方面。

a. 洞口设置应符合设计要求。

b. 必须按设计设置洞内外的捧水系统,不淤积、不堵塞。

洞门施工质量监理实测项目见《公路工程质量检验评定标准》。

7.3 洞身开挖质量监理

7.3.1 洞身开挖质量监理工作要点

(1)监理工程师首先要全面熟悉设计文件和技术规范。了解围岩的地质条件和设计要求。

(2)仔细审核施工单位的分项工程开工申请报告。重点审核不同围岩段的开挖方法。开挖顺序以及辅助施工措施。

(3)对施工单位的洞外洞内导线点、中线点和高程点进行复测,督促施工单位对这些桩点加以保护,以确保高速身开挖的中线和高程精度。

(4)密切注意围岩地质变化情况。当实际围岩与设计文件中的该段围岩描述差异较大时,应提醒施工单位调整开挖方法或提请设计代表进行支护和衬砌结构的变更。

(5)控制超、欠挖量,重点控制以下几点:

①检查施工单位的开挖方法及开挖支护顺序是否符合实际围岩情况。防止因不恰当的开挖造成塌方。

②仔细审核施工单位的钻爆设计。应采用光面爆破、预留光面层光面爆破或以预裂爆破等控制爆破技术。炮眼的孔径、孔数、孔深及炮眼布置满足要求,炸药及起爆器材的品种及规格选取合适,装药量、装药结构及起爆顺序要合理。

③督促施工单位严格按经监理工程师认可的钻爆设计进行施作。查询并检查施工单位的钻孔、装药和起爆的质量保证措施。检查爆破效果。

④督促并检查施工单位按设计预留围岩变形量。避免开挖出的洞身周围岩变形而导致衬砌断面不足。

(6)督促并检查施工单位对已开挖合格的洞身进行施工支护。施工支护优先选用锚杆、喷射混凝土或锚喷联合支护。软弱围岩段洞身稳定性差时宜采用构件支护。确保开挖安全，避免围岩较长时间暴露在空气中而风化。

(7)审核并检查施工单位提交的贯通误差的测量成果和调整方案以及实施情况。

7.3.2 洞身开挖施工质量监理实测项目及抽检频率

洞身开挖的基本要求包括以下几个方面。

(1)不良地质段开挖前应做好预加固、预支护。

(2)当前方地质出现变化迹象或接近围岩分界线时,必须用地质雷达、超前小导坑、超前探孔等方法先探明隧道的工程地质和水文地质情况,才能进行开挖。

(3)应严格控制欠挖。当石质坚硬完整且岩石抗压强度大于30MPa并确认不影响衬砌结构稳定和强度时,允许岩石个别凸出部分(每$1m^2$不大于$0.1m^2$)凸入衬砌断面,锚喷支护时凸入不大于30mm,衬砌时不大于50mm,拱脚、墙脚以上1m内严禁欠挖。

(4)开挖轮廓要预留支撑沉落量及变形量,并利用量测反馈信息进行及时调整。

(5)隧道爆破开挖时应严格控制爆破震动。

(6)洞身开挖在清除浮石后应及时进行初喷支护。

洞身开挖质量监理实测项目见《公路工程质量检验评定标准》。

7.4 洞身衬砌质量监理

7.4.1 锚杆施工质量监理

锚杆的主要作用是加固围岩,增加围岩的稳定性。衡量锚杆的锚固效果指标是锚杆抗拉拔力。为确保锚杆施工质量,监理工程师应重点进行以下工作。

①检查锚杆的型号、规格、材质,锚固剂(粘结剂)的品种及锚杆施工设备情况。锚杆及锚固剂应符合设计及具体围岩的要求。施工机具与锚杆的类型相匹配。

②按隐蔽工程检查验收方法,对钻孔质量(孔位、孔深、孔径、钻孔角度)和安装质量(锚固剂安放、锚杆插入深度)进行检查和记录。

③抽样进行锚杆拉拔力试验。锚杆抗拉拔力不小于设计值。

④根据围岩具体情况,要求施工单位呈报局部增强锚固方案。监理工程师应审核批准该方案,并检查施工单位实施情况。

(1)喷射混凝土施工质量监理工作要点。

喷射混凝土施工质量监理工作,主要是通过对施工方案、混凝土配合比的审批,对施工过程检查控制,使喷射混凝土的强度、厚度及外观质量满足要求,以获得良好的支护效果。监理工作要点如下:

①审批喷射混凝土所用的进场原材料,包括水泥、速凝剂的品种、出厂合格证和质量,石子的级配粒径、砂的细度、钢筋网和钢架所用的钢材品种、规格和性能等。

②审批喷射混凝土配合比设计。施工单位提出的配合比应满足喷射混凝土具有必要的强度、附着性及良好的施工性。配合比应通过试喷进行验证。

③审批施工单位的施工方案。包括人员机具进场情况、喷射方式的选择、每道工序的施工方法和质量保证措施、安全措施等。

④喷射施工前,对受喷面进行检查。岩面粉尘要冲洗干净、渗水涌水已处理好、松动岩石凿除,以提高喷层与岩面的粘结力。

⑤检查钢筋网及钢架的加工及安装质量。钢架在喷射作业前安装,钢筋网在喷完第一层混凝土后安装,其安装质量均应符合规范规定。

⑥巡视检查混合料拌和及喷射作业情况。混合料要拌和均匀,各材料用量准确。喷射作业应由下向上分层施工。要埋有铁丝以控制喷层厚度,混凝土回弹量控制要适当,喷射回弹材料不得再次使用。喷射混凝土应将锚杆、钢筋网、钢架覆盖。

⑦巡视检查喷水养护情况。一般养护 7d 以上。

⑧对喷层的强度、厚度、外观及喷层与围岩的粘结效果进行全面检查。发现强度不合格时,需查明原因,并采取增设钢筋网、增设锚杆、加厚喷层等措施补强。厚度不足时应补喷一层。喷射混凝土表面有裂缝、脱落、或用锤敲击有空响时,应凿除喷层,洗净后重喷。

(2)锚喷支护施工质量监理实测项目及抽检频率。

①(钢纤维)喷射混凝土支护。

(钢纤维)喷射混凝土的基本要求包括以下几个方面。

a. 材料必须满足规范或设计要求。

b. 喷射前要检查开挖断面的质量,处理好超欠挖。

c. 喷射前,岩面必须清洁。

d. 喷射混凝土支护应与围岩紧密粘接,结合牢固,喷层厚度应符合要求,不能有空洞,喷层内不容许添加片石和木板等杂物,必要时应进行粘结力测试。喷射混凝土严禁挂模喷射,受喷面必须是原岩面。

e. 支护前应做好择水措施,对渗漏水孔洞、缝隙应采取引捧、堵水措施,保证喷射混凝土质量。

f. 采用钢纤维喷射混凝土时,钢纤维抗拉强度不得低于 380MPa,且不得有油渍及明显的锈蚀。钢纤维直径宜为 0.3 ~0.5mm,长度为 20 ~25mm,且不得大于 25mm。钢纤维含量宜为混合料质量的 1% ~3%。

(钢纤维)喷射混凝土支护质量监理实测项目见《公路工程质量检验评定标准》。

②锚杆支护。

锚杆支护的基本要求包括以下几个方面。

a. 锚杆的材质、类型、规格、数量、质量和性能必须符合设计和规范的要求。

b. 锚杆插入孔内的长度不得短于设计长度的 95%。

c. 砂浆锚杆和注浆锚杆的灌浆强度应不小于设计和规范要求,锚杆孔内灌浆密实饱满。

d. 锚杆垫板应满足设计要求,垫板应紧贴围岩,围岩不平时要用 M10 砂浆填平。

e. 锚杆应垂直于开挖轮廓线布设。对沉积岩,锚杆应尽量垂直于岩层面。

锚杆支护质量监理实测项目见《公路工程质量检验评定标准》。

③钢筋网支护。

钢筋网支护的基本要求包括以下几个方面。

a. 所用材料、规格、尺寸等应符合设计要求。

b. 采用双层钢筋网时,第二层钢筋网应在第一层钢筋网被混凝土覆盖后铺设。

钢筋网支护质量监理实测项目见《公路工程质量检验评定标准》。

7.4.2 衬砌施工质量监理

(1)衬砌施工质量监理工作要点。

①检查并确认拱(墙)架及模板结构具有所需要的形状、尺寸,并且有能承受混凝土浇筑压力的刚度。

②仔细审核施工单位的施工方案。衬砌施工方法(先拱后墙、先墙后拱、全断面整体)和分段作业长度需满足围岩地质条件、设计要求、开挖及支护施工需要以及施工单位的施工能力。拱(墙)架及模板的架立方案、混凝土的拌制浇筑捣固方法符合规范要求,且能保证衬砌质量和施工安全。

③复合衬砌的二次衬砌施作,必须根据监控量测结果及设计要求,待围岩和初期支护变形稳定后施作。

④检查并确认每次组装就位的拱(墙)架模板,其中心线和高程准确,拱架模板预留了适当的沉落量,支撑牢固,不至于浇筑混凝土时出现倾倒、扭转、移动、沉陷及变形等情况。

⑤检查模板背后衬砌厚度所需空间,欠挖部分要求施工单位凿除,超挖部分按本节相关要求回填。

⑥检查边墙基底的虚碴杂物及积水清理情况,基底承载力要满足设计要求。

⑦检查混凝土拌制,旁站混凝土浇筑全过程。旁站要点如下:

a. 混凝土浇筑顺序及捣固密实情况,混凝土浇筑间歇及中断时间、间歇面(施工缝)处理情况。

b. 浇筑过程中拱(墙)架及模板的移动变形情况。

c. 拱部封顶混凝土浇筑捣固方法能否保证质量要求。

d. 拱(墙)背后超挖部分的回填是否满足要求。

e. 混凝土坍落度及拌和均匀情况检查,抽样制取抗压试块。

⑧对衬砌进行质量检查验收。

(2)洞身衬砌质量监理实测项目及检验与评定。

①仰拱施工质量监理。

仰拱的基本要求包括以下几个方面。

a. 仰拱应结合拱墙施工及时进行,使支护结构尽快封闭。

b. 仰拱浇筑前应清除积水、杂物、虚渣等。

c. 仰拱超挖严禁用虚土、虚渣回填。

仰拱施工质量监理实测项目见《公路工程质量检验评定标准》。

②混凝土衬砌施工质量监理。

混凝土衬砌的基本要求包括以下几个方面。

a. 所用材料、规格必须满足规范和设计要求。

b. 防水混凝土必须满足设计和规范的要求。

c. 防水混凝土粗集料尺寸不应超过规定值。

d. 基底承载力应满足设计要求,对基底承载力有怀疑时应做承载力试验。

e. 拱墙背后的空隙必须回填密实。因严重超挖和塌方产生的空洞要制定具体处理方案经批准后实施。

混凝土衬砌施工质量监理实测项目见《公路工程质量检验评定标准》。

③钢支撑支护施工质量监理。

钢支撑支护的基本要求包括以下几个方面。

a. 钢支撑的形式、制作和架设应符合设计和规范要求。

b. 钢支撑之间必须用纵向钢筋连接,拱脚必须放在牢固的基础上。

c. 拱脚标高不足时,不得用块石、碎石砌垫,而应设置钢板进行调整,或用混凝土浇筑,混凝土强度不小于C20。

d. 钢支撑应靠紧围岩,其与围岩的间隙,不得用片石回填,而应用喷射混凝土填实。

钢支撑支护施工质量监理实测项目见《公路工程质量检验评定标准》。

④衬砌钢筋施工质量监理。

钢筋的品种、规格、形状,尺寸、数量、间距、接头位置必须符合设计要求和有关标准的规定。

衬砌钢筋施工质量监理实测项目见《公路工程质量检验评定标准》。

7.5 隧道通风质量监理

7.5.1 永久性通风质量监理工作要点

施工通风质量监理,就是通过对施工单位通风设计的审核及检查其实施情况,督促施工单位使用合适的通风方式及通风设备,及时排出洞内的有害废气和粉尘,使整个隧道的施工能够在符合施工卫生标准的环境下进行,为保证隧道施工质量创造良好的环境条件。

7.5.2 通风设施施工质量监理工作要点

(1)监理工程师要随时注意通风设施与隧道正洞配合施工情况,及时督促施工单位改正不规范施工。

(2)检查通风机的质量及安装情况。通风机的型号、性能、外型尺寸及安装位置均需符合设计要求,安装牢固。

(3)安装好的通风设施应通过试运行检验。

7.6 隧道照明系统施工质量监理

(1)施工前,监理工程师要熟悉设计文件中各段照明灯具的型号、数量和布置,了解各灯具的照明作用。施工中要仔细核对和检查,防止安装错误。

(2)在隧道的衬砌、路面等施工中,监理工程师应注意检查灯座、供电管线和接地装置的预埋情况。必须按设计要求的型号、位置和间距预埋施工。若供电管道中未穿电线,则应在管道中安放铅丝引线,同时封闭管道口,防止混凝土堵塞管道。

(3)检查每批进场的灯具、电缆电线及配电控制装置的质量。它们的型号、规格均要符合设计要求,要有出厂检验合格证。

(4)监理工程师要仔细检查灯具、电缆电线及配电控制装置的安装情况。隧道内各区段的灯具及电缆电线的型号规格和间距应符合设计要求,灯具与配电控制设备的电路连接要正确,尤其是分级调光照明灯具要与控制设备正确连接,使各灯具能起到应有的照明作用。

(5)照明设施安装完成后,必须经过运行调试,检测各段照明亮度是否满足设计要求。监理应参与通电运行过程,督促施工人员调整和固定灯具的照明角度,以取得最佳的照明效果。

8 公路沿线附属设施施工质量监理

8.1 公路沿线附属设施质量监理

(1)审查生产厂(分包单位或指定分包单位)报送的有关工程经历和以往生产的产品质量资料,考察其设备、流程及相应的生产能力,以确保如期保质保量地完成相关的任务。

(2)考察各种材料的来源渠道,按规定要求和频率检验其品质是否符合规范要求,尤其是一些成品或半成品,应附有厂商的出厂合格证书。如果检查出产品存在缺陷,无论修复后合格与否,均不得用于本工程。

(3)认真审查施工单位提交的分部(项)工程开工报告,主要检查其施工组织设计是否合理,质量保证体系是否健全,各种原材料检验资料等是否齐全,放样复测资料正确与否等。

8.2 中央分隔带、路缘石、水簸箕质量监理

8.2.1 中央分隔带(方砖)的质量监理

(1)加强对进场原材料的试验检测,严格控制混凝土施工配合比、水灰比、振捣密实程度等,确保成品的外观及内在质量。

(2)认真复测中线放样资料,并对放样进行复测,以保证安装后线型顺畅、美观。

8.2.2 路缘石的质量监理

(1)加强对进场材料的试验检测,严格控制施工配合比、水灰比、振捣密实程度等,确保成品的外观及内在质量。

(2)认真复测中线放样资料,并对其放样进行复测,以保证安装后线型顺畅、圆滑美观。

(3)槽底基础和后背填料必须夯实,缝宽均匀、勾缝密实。

(4)沥青混凝土路缘石质量监理控制要点。

①成型机在施工前应进行铺设试验,检验其密实度,符合要求后方可正式施工。

②沥青混凝土路缘石应采用路缘石成型机在沥青面层铺筑后连续铺设。

③严格控制矿料级配符合规范要求,沥青用量宜较马歇尔试验配合比最佳沥青用量再增加0.5% ~1.0%,以面击实50次的设计空隙率为2% ~6%。

④基层上应洒布用量为0.25 ~0.5kg/m^2 的粘层沥青,沥青洒布应符合粘层施工要求。

8.2.3 水簸箕的质量监理

(1)认真复核设计文件中水簸箕的位置,是否与路面设计纵向坡度相对应,尤其是纵坡变化点及其他部位的水簸箕的位置是否合理。

(2)严格控制石料品质和砌筑用砂浆的饱和程度,以确保水簸箕的耐用和防渗能力。

(3)严格控制抹面砂浆的强度,抹面后的顶面调和应与路面顺接,切忌抹面高于相邻路面而导致排水不畅或阻水现象。同时做好与急流槽、纵向排水沟等其他构造的衔接,防止雨水对边坡等的冲刷破坏。

8.2.4 中央分隔带排水的质量监理

(1)认真复核设计文件中排水系统的可行性,主要是中央分隔带纵向汇水系(可设置纵向碎石盲沟)与横向排水系(设置横向排水管)。

(2)盲沟所用材料规格、质量等应符合设计要求和施工规范规定。排水层宜选用石质坚

硬的较大粒径填筑，以保证排水孔隙度。盲沟底及中央分隔带断面均应采取必要的防渗处理。

(3)严格控制纵向盲沟的过水断面不小于设计要求，沟底纵坡必须符合设计要求，允许偏差为±1%，纵坡设置应尽可能与路面设计纵坡相对应，以利集中排水。

(4)横向排水管应设置在纵向盲沟变坡点或汇水点，其进口高程宜比相应位置处盲沟低20cm，一般处于路面结构层以下。横向排水管宜选用防渗材料制成的管件，如PVC管等，管节接缝需包裹严实，并涂以沥青等防渗材料，以防渗、漏水浸蚀路基。横向排水管坡度一般设置为2%~4%，其允许偏差为0.5%。

8.2.5 路缘石铺设质量监理实测项目及抽检频率

路缘石铺设的基本要求包括以下几个方面。

(1)预制缘石的质量应符合设计要求。

(2)安砌稳固，顶面平整，缝宽均匀，勾缝密实，线条直顺，曲线圆滑美观。

(3)槽底基础和后背填料必须夯打密实。

(4)现浇路缘石材料应符合设计要求。

路缘石铺设质量监理实测项目见《公路工程质量检验评定标准》。

8.3 公路绿化的质量监理

8.3.1 公路绿化施工监理工作要点

(1)公路沿线绿化应符合图纸要求，并选用适宜本地区生长的植物；公路两侧边坡和沿线空地等一切公路用地，应尽量种植植物、保护环境、美化路容。

(2)种植植物的土壤应含有有机质，土中不应含有盐、碱及垃圾等对植物生长有害的物质；在缺少表土厚度不足的表土层上种植植物时，施工单位应撒铺经监理工程师批准的土壤，使土壤厚度达到植物生长所必须的最低土层厚度。

(3)种植草种应尽可能使用农家肥，如使用化肥时，应为标准商用等级化肥并按散装提供或在新、干净密封并适当标明的袋中提供，商用化肥最少有效营养物百分比对尿素应为20%的氮。

(4)所有绿化植物应具有稳定边坡的能力，容易繁殖移植和管理，能抵御病虫害；适于当地栽种，具有良好的环境和参观效果；应是标准品种的一等品，有丰富干枝体系和茁壮的根系、植物应无缺损树节、太阳灼伤、擦破树皮、风冻伤害或其他损伤，植物外观应显示出正常健康的茁壮状态，能承受上部及根部适当的修剪。

(5)绿化植物的种植应选择最适当的季节及日期，一般落叶类(幼芽出现前)应在早春种植，常青类比之晚一个月或在当地适宜种植的季节播种。

(6)进场的苗木应符合设计图纸的规定。单株植物必须带原土栽植，土球直径一般为树木底径的8~12倍，用草袋包装牢固，树冠捆扎好，防止折断；裸根植物，应将根部浸入调制的泥浆中，待粘满泥浆后取出，必须衬以青苔或草类，用竹筐或草袋包装。

(7)种植时，树坑的直径至少应大于土团的直径或树木根部伸展宽度40cm；树坑深度至少为80cm的圆筒形，或超过树木根深或土团深度至少20cm；灌木树坑直径应大于土团直径或根部伸展宽度30cm；灌木深度至少要超过灌木土团或根部的底部15cm；树坑在种植前应先灌透底水，待底水全部渗透才能进行苗木的栽种，其埋置深度应比在苗圃中深10cm。

(8)苗木放入坑内需苗根舒展，分次填土，先填表土，分层踩实，边填边踩，并注意提苗，避免撼振，填土要高于原地面。

(9)铺草皮时,需先做好地表的清理和上土工作,可采用平铺方法铺草皮;对于边坡较高较陡之处也可铺植,即由坡脚处向上钉铺,用小尖木桩或竹签钉固于边坡上;也可采用叠线或方格式铺植,铺后即可喷灌浇水。

(10)栽植后要立即浇水,第一次应彻底浇透。浇前应先筑土堰,堰埂要筑在土坑边外,土埂应结实;一般每隔3~5d浇第二次水,以后经常进行浇水管理,确保成活率。

施工单位在种植工作结束,监理工程师应进行验收,但施工单位仍应对绿化的植物进行有效的管理,使植物保持良好的生长条件,达到植物全部存活。管理工作应包括洒水、修剪、施肥、清除杂草、杂物、垃圾、防治病虫害以及保持种植地带的整洁和美观。

8.3.2 公路绿化施工监理实测项目及抽检频率

(1)中央分隔带绿化。

中央分隔带绿化的基本要求包括以下几个方面。

①中央分隔带的苗木修剪后的高度应为1.4~1.6m,栽植的株行距合理,应满足防眩功能的要求,不得影响交通安全。

②中央分隔带应进行绿化用土回填,回填土的厚度应大于60cm。

中央分隔带绿化质量监理实测项目见《公路工程质量检验评定标准》。

(2)路侧绿化。

路侧绿化的基本要求包括以下几个方面。

①路侧绿化的种植材料应符合设计要求,不能及时种植的苗木应进行假植。

②边坡绿化施工应按照设计文件所规定的施工方法与工艺进行,并严格施工过程中质量控制。

③边坡绿化施工不得破坏公路路基。

路侧绿化质量监理实测项目见《公路工程质量检验评定标准》。

(3)互通立交区绿化。

互通立交区绿化的基本要求包括以下几个方面。

①互通立交区绿地整理、撑水应符合设计要求;播种前应清除绿地内的施工废弃物;整体图案应符合设计要求。

②孤植树、珍贵树种以及乔木树种应保证成活。

③树木种植不应影响行车安全视距。

④喷灌设施施工应按施工规范进行,其质量按《建筑工程施工质量验收统一标准》验收。

互通立交区绿化质量监理实测项目见《公路工程质量检验评定标准》。

(4)养护管理区、服务区绿化。

养护管理区、服务区绿化的基本要求包括以下几个方面。

①养护管理区、服务区的绿化宜按照《城市绿化工程施工及验收规范》进行施工。其绿地面积应大于总面积的30%,绿地内的植被覆盖率应大于85%。

②绿化附属设施的质量按《建筑工程施工质量验收统一标准》验收。

③孤植树、珍贵树种以及乔木树种应保证成活。

④绿地草坪应符合设计要求,整体图案美观。

养护管理区、服务区绿化质量监理实测项目见《公路工程质量检验评定标准》。

(5)取、弃土场绿化。

取、弃土场绿化的基本要求包括以下几个方面。

①取、弃土场绿化应营造适合植物生长的环境条件后方可进行。

②取、弃土场绿化应充分覆盖裸露、松散的地表，满足水土保持的要求。

取、弃土场绿化质量监理实测项目见《公路工程质量检验评定标准》。

9　交通工程质量监理

9.1　安全设施及机电设备的基础、管道施工质量监理

9.1.1　施工准备阶段质量监理

根据施工单位提交的开工申请报告中的施工组织计划、质量保证体系、施工方案、原材料测试报告、混合料配合比设计和试验结果、材料数量、机械设备、型号及人员配备等进行审查，认为均符合合同、规范要求时，监理工程师即可签发"工程分项开工申请批复单"。

这个阶段最重要的是材料检查，即对护栏、标志、标线涂料、突起路标、轮廓标、防眩板（网）、隔离栅等产品以及混凝土基础的各类原材料按相应的标准规范进行检验。这些材料及产品除了具有相应批量的生产合格证外，对于运抵工地的材料及产品的质量，还应进行一定比例的抽检。抽检由监理进行或由建设单位委托的持有CMA标志的国家计量认证单位进行。为了更好地控制到达工地的材料、产品质量，监理工程师可通过审批施工单位的采购申请，来事先控制某些重要材料的质量。

9.1.2　施工阶段质量监理

施工单位在得到监理工程师的正式开工令后，即可按设计图纸进行施工。监理工程师检查施工单位的施工工艺是否符合技术规范的规定或经监理工程师批准的施工工艺，是否按开工前监理工程师批准的施工方案进行。如果有混凝土施工，还应检查混合料是否符合经批准的配合比设计。

这个阶段最重要的是工序检查，即每道工序开工前，应得到监理的审批，每道工序在进行过程中和结束后，施工单位必须进行自检，自检后上报监理检验，经监理检验合格后，才可以进入下道工序。监理在工序管理的过程中，应及时发现工程缺陷和质量、事故隐患，采取相应的措施。在一些关键工序以及一些隐蔽工程的施工过程中，监理工程师必须坚持全过程旁站以发现并解决问题，把工序中可能发生的质量隐患，消灭在萌芽状态。

9.1.3　交工验收阶段质量监理

完工后，施工单位根据合同规范进行自检，合格后，填报"工程交工证书"，报送监理工程师。监理工程师收到后，首先汇总、检查该工程每道工序的"质量验收单"，会同建设单位或建设单位代表、设计代表、施工单位，再对整个工程进行现场检查、验收。合格后，签认"工程交工证书"。

这个阶段主要是按相关的验收规范进行检查、验收。

9.2　机电设备、相关线缆及系统安装调试质量监理

9.2.1　施工准备阶段质量监理

协同建设单位考察施工单位和设备供应商，进行施工和设备采购的招投标。在确定了施工单位后，参与施工单位的联合设计，在施工单位完成施工图后，审批其施工图。施工单位进场后，审查施工单位的人员、机械、质量保证体系等，条件具备，签发开工申请批复单。

这个阶段,设备监造、设备的工厂测试和到货后现场测试至关重要。这些测试由施工单位进行测试,由监理工程师(建设单位/建设单位代表)当面确认。其中,设备运抵施工现场后,必须在监理工程师在场的情况下开箱、清点设备数量。如果设备监造、工厂测试在监理进场前已进行,应有施工单位提供经建设单位/建设单位代表确认的监造及测试报告,一些重要设备应进行必要的现场测试。

9.2.2 施工阶段质量监理

施工单位得到监理工程师的正式开工令后,即可按投标文件,以及经监理工程师审批的联合设计施工图进行施工。

这个阶段应对施工单位进行的设备安装、测试及系统调试进行全过程旁站,施工单位提出进入试运行的报告后,监理人员应对设备的安装进行检验,对设备的测试、系统的调试进行检查,检查合格后,批准进入试运行阶段。

9.2.3 交工验收阶段质量监理

系统试运行时,监理应经常性地巡视系统的运行情况,并监督施工单位对试运行期间发生的故障及问题及时修补、排除、整改。试运行达到规定的时间后,系统能够达到验收标准或相关规范、文件的规定,施工单位填报、监理审批签发"工程交工证书",进入缺陷责任期。

9.3 安全设施质量监理

9.3.1 交通标志

(1)交通标志施工阶段监理。

①基础定位放样(检查、测量)。

交通标志设置位置应以设计图为准。不允许道路沿线的上跨桥、照明设施及其他路上构造物对标志板面造成遮挡,影响标志的认读。如有这种情况,应报监理工程师、设计人员进行位置变更。

交通标志不得侵入公路建筑限界,确保侧向余宽。

②基坑开挖(检查、测量)。基坑位置、基坑大小及深度应满足设计要求。

③基础混凝土浇筑(旁站)。

a. 使用的混和料是否符合经审批的配合比。

b. 基础配筋、连接是否按设计图纸要求。

c. 基础立模情况。

d. 混凝土的施工是否符合监理审批的施工工艺。

e. 基础法兰盘是否水平。

f. 大型标志基础混凝土在浇筑时应取试件,养护后测试其混凝土强度是否满足设计要求。

g. 是否回填夯实。

④标志立柱。标志立柱竖直度检查。

⑤标志板安装。

a. 标志板下缘至路面净空高度不小于规定净空高度。

b. 标志板内侧距路肩边线水平距离应在25cm以上。

(2)交通标志质量监理实测项目及抽检频率。

交通标志的基本要求包括以下几个方面。

①交通标志的制作应符合《道路交通标志和标线》的规定。

②交通标志在运输、安装过程中不应损伤标志面及金属构件的镀层。

③标志的位置、数量及安装角度应符合设计要求。

④大型标志的地基承载力应符合设计要求。大型标志柱、梁的焊接部分应符合钢结构焊接规范的质量要求,无裂缝、未熔合、无夹渣等缺陷。

⑤标志面应平整完好,无起皱、开裂、缺损或凹凸变形,标志面任一处面积为50cm×50cm表面上,不得存在总面积大于$10mm^2$的一个或一个以上气泡。

⑥反光膜应尽可能减少拼接,任何标志的字符不允许拼接,当标志板的长度或宽度、圆形标志的直径小于反光膜产品的最大宽度时,底膜不应有拼接缝。当粘贴反光膜不可避免地出现接缝时,应按反光膜产品的最大宽度进行拼接。

交通标志质量监理实测项目见《公路工程质量检验评定标准》。

9.3.2　交通标线

(1)交通标线施工阶段的监理。

①放样(检查、测量)。路面标线的设置位置应以设计图为准,并符合《道路交通标志和标线》的规定。所画标线规范美观,线形流畅,与道路平纵线形配合协调。

②清扫路面、画底漆、画标线(旁站)。

a. 路面应清扫干净,并干燥。

b. 针对不同路面,采用不同的下涂料,并使底漆充分干燥。

c. 控制料温,玻璃珠撒布均匀。

d. 对于画线过程中出现的一些缺陷,应及时采取措施调整。

e. 检查标线厚度、宽度、纵向长度、纵向间距、横向偏位是否满足规定值。

f. 检查施工单位是否对已完工的道路工程进行了保护,是否将路面上多余标线涂料去除。

(2)交通标线质量监理实测项目及抽检频率。

交通标线的基本要求包括以下几个方面。

①路面标线涂料应符合《路面标线涂料》的规定。

②路面标线喷涂前应仔细清洁路面,表面干燥,无起灰现象。

③路面标线的颜色、形状和设置位置应符合《道路交通标志和标线》的规定和设计要求。

路面标线质量监理实测项目见《公路工程质量检验评定标准》。

9.3.3　波型梁钢护栏

(1)波形梁钢护栏施工阶段的监理。

①放样(检查、测量)。检查施工单位对护栏的定位是否符合施工图设计及有关规范的要求,并与道路的实际情况相符。

②打桩或挖基坑、立柱(旁站)。

a. 检查是否达到设计深度。打入过深时,则应拨出并将土基压实后,再重新打入。

b. 检查立柱打入后,柱顶是否有塌边、变形、开裂等损坏现象。

c. 检查基坑位置、大小、基础配筋是否符合施工图设计。

d. 使用的混合料是否符合审批的配合比。

e. 基础表面是否平整。

f. 立柱安装就位后,其水平方向和竖直方向线形是否平顺。

g. 立柱中距、立柱安装竖直度。

h. 柱顶情况检查，立柱打入土中后，其顶部应无明显塌边、变形、开裂等现象。

③护栏板安装(检查)。

a. 波形梁板搭接方向是否与交通流方向一致。

b. 防阻块、托架安装是否到位。

④护栏板线形调整(检查)。护栏安装线形是否顺畅。

(2)护栏监理实测项目及抽检频率。

①波形梁钢护栏。

波形梁钢护栏的基本要求包括以下几个方面。

a. 波形梁钢护栏产品应符合《公路三波形梁钢护栏》的规定。

b. 护栏立柱、波形梁、防阻块及托架的安装应符合设计和施工的要求。

c. 为保证护栏的整体强度，路肩和中央分隔带的土基压实度不应小于设计值。达不到压实度要求的路段不应进行护栏立柱打入施工。石方路段和挡土墙上的护栏立柱的埋深及基础处理应符合设计要求。

d. 波形梁护栏的端头处理及与桥梁护栏过渡段的处理应满足设计要求。

波形梁钢护栏质量监理实测项目见《公路工程质量检验评定标准》。

②混凝土护栏。

混凝土护栏的基本要求包括以下几个方面。

a. 混凝土所用的水泥、砂、石，水及外掺剂的质量、规格必须符合有关规范的要求，按规定的配合比施工。

b. 混凝土护栏预制块件在吊装、运输、安装过程中，不得断裂。

c. 各混凝土护栏块件之间、护栏与基础之间的连接应符合设计要求。

d. 混凝土护栏块件标准段、混凝土护栏起终点及其他开口处的混凝土护栏块件的几何尺寸应符合设计要求。

e. 混凝土护栏的地基强度、埋入深度应符合设计要求。

f. 混凝土护栏块件的损边、掉角长度每处不得超过20mm，否则应予及时修补。

混凝土护栏质量监理实测项目见《公路工程质量检验评定标准》。

③缆索护栏。

缆索护栏的基本要求包括以下几个方面。

a. 缆索性能、缆索直径、单丝直径、构造(3 股 7 芯)、锚具及其镀锌质量应符合设计与施工规范的要求，缆索抗拉强度、镀锌质量须经抽检，合格后方可使用。

b. 张拉前应标定拉力测定计。

c. 立柱埋深不得小于设计值。采用挖埋法施工，立柱埋入土中时，回填土应分层(每层厚度不超过100mm)夯实；立柱埋入混凝土中时，基础混凝土的几何尺寸、强度等应符合设计要求。

d. 立柱壁厚、外径、长度不小于设计要求。

e. 采用打入法施工时，立柱顶部不应出现明显变形、倾斜、扭曲或卷边等现象。

缆索护栏质量监理实测项目见《公路工程质量检验评定标准》。

9.3.4 突起路标

(1) 突起路标施工阶段的监理。

①放样(检查)。检查突起路标放样的位置是否符合设计图。

②清扫、涂胶(检查)。检查是否清扫干净、涂胶是否均匀。

③安装(检查)。检查突起路标与路面粘结是否牢固;检查突起路标的安装与公路线形或标线配合是否顺畅。

(2)突起路标监理实测项目及抽检频率。

突起路标的基本要求包括以下几个方面。

①突起路标产品应符合《突起路标》的规定。

②突起路标的布设及其颜色应符合《道路交通标志和标线》的规定或符合设计要求。

③突起路标与路面的粘结应牢固、耐久,能经受汽车轮胎的冲击而不会脱落。

④突起路标应在路面干燥、清洁,并经测量定位后施工。

突起路标质量监理实测项目见《公路工程质量检验评定标准》。

9.3.5 轮廓标

(1)轮廓标施工阶段的监理。

轮廓标的施工较简单,柱式直接打入或另做混凝土基础,应检查其柱体是否垂直。附着式检查其安装间距、安装角度、高度是否符合设计。

(2)轮廓标监理实测项目及抽检频率。

轮廓标的基本要求包括以下几个方面。

①轮廓标产品应符合《轮廓标》的规定。

②轮廓标的布设应符合设计及施工规范的要求。

③柱式轮廓标的基础混凝土强度、基础尺寸应符合设计要求。

④柱式轮廓标安装牢固,逆反射材料表面与行车方向垂直,色度性能和光度性能与设计相符。

轮廓标质量监理实测项目见《公路工程质量检验评定标准》。

9.3.6 防眩设施

(1)施防眩设施工阶段的监理。

防眩板的施工较简单,主要检验其设置间距及安装角度能否满足遮光要求,线形是否顺畅,防眩板是否垂直。

(2)防眩设施监理实测项目及抽检频率。

防眩设施的基本要求包括以下几个方面。

①防眩设施的材质、镀锌量应符合《公路防眩设施技术条件》及设计和施工规范的要求。

②防眩设施整体应与道路线形相一致,美观大方,结构合理。

③防眩设施的几何尺寸及遮光角应符合设计要求。

④防眩板的平面弯曲度不得超过板长的0.3%。

⑤防眩设施安装牢固。

防眩设施质量监理实测项目见《公路工程质量检验评定标准》。

9.3.7 隔离栅

(1) 隔离栅施工阶段的监理。

①放样(检查)。检查放样位置是否符合设计要求。

②检查基坑大小、深度是否符合设计要求。

③浇基础、立柱安装(旁站)。检查基础拌和料的配合比是否按审批的配合比,基础配筋

是否符合设计要求;检查立柱埋深、立柱竖直度是否符合设计要求,立柱纵向是否平顺,柱顶应平顺,不得高低不平;隔离栅采用的型钢立柱、Y 型钢立柱及其他断面形状柱和混凝土立柱,均不应有明显变形、卷边、划痕等缺陷。

④挂网(检查或旁站)。

a. 安装后的钢板网、编织网、电焊网或刺钢丝隔离栅,要求网面平整、无明显翘曲和凹凸现象。

b. 有框架的隔离栅,应检查框架与网片的连接情况,一般网片应与框架焊牢,网片拉紧。整网铺设的隔离栅,端柱应把网挂牢(或螺栓固定),然后纵向展开,边铺设边拉紧。展网自如,网面平整绷紧。刺钢丝间距符合设计要求,刺线平直、绷紧。刺钢丝可通过立柱挂勾压死,横向与斜向刺钢丝相交处用 11 号钢丝绑扎。

(2)隔离栅监理实测项目及抽检频率。

隔离栅的基本要求包括以下几个方面。

①隔离栅和防落网用的材料规格及防腐处理应符合《隔离栅》及设计和有关施工规范的规定。

②用金属网制作的隔离栅和防落网,安装后要求网面平整,无明显翘曲现象。刺铁丝的中心垂度小于 15mm。

③防落网应网孔均匀,结构牢固,围封严实。

④金属立柱弯曲度超过 8mm/m,有明显变形、卷边、划痕等缺陷者,及混凝土立柱折断者均不得使用。

⑤立柱埋深应符合设计要求。立柱与基础、立柱与网之间的连接应稳固。混凝土基础强度不小于设计要求。

⑥隔离栅起终点应符合端头围封设计的要求。

隔离栅和防落网质量监理实测项目见《公路工程质量检验评定标准》。

10　机电工程质量监理

机电工程质量监理主要包括监控系统质量监理、收费系统质量监理、通信系统质量监理及配电照明系统质量监理四部分,具体内容参考相关资料规定。

11　公路房建工程质量监理

公路工程中的房建工程主要有:高速公路服务区的管理用房、收费站、加油站、汽车修理车间、旅馆、餐厅等;高速公路管理中心的管理大楼;一般公路桥头管理房及养护管理区等。

房建工程项目复杂、技术要求不一,具体监理内容参考相关房建规定。

第6章 公路工程施工进度控制监理

1 工程施工进度计划的内容和审批

施工单位从收到中标通知书之日起,应按照合同条款规定的时间,向监理工程师提交施工组织设计,其中包括工程施工进度计划。监理工程师应根据合同条件、工程情况及其他有关方面的因素,审查施工单位的施工组织设计及施工进度计划。

1.1 施工单位提供的进度计划的基本内容

工程项目的进度计划是工程实施过程进行监理的前提,是监理进度目标控制的标准。进度计划由施工单位编制,要经过监理工程师的审查和批准,作为施工单位安排施工内容和监理工程师进度控制的依据。根据工程项目实施的不同阶段和计划的粗细程度,工程进度计划具有不同的形式,现常用的有工程项目的总进度计划,年、季和月度进度计划以及单项工程进度计划等。

1.1.1 总进度计划的基本内容

施工总进度计划是以整个工程项目为对象来编制的。目的是对整个工程施工进度进行编制,用以指导施工单位安排施工进度,做好施工准备和有计划地运用施工力量,开展施工活动。

在施工单位提交的工程总进度计划中,一般包括下列内容。

(1)工程项目的总工期,即合同期或指令工期。

(2)完成各单位工程或各阶段的施工所需要的工期及其最早开始时间和最迟结束时间。

(3)施工各阶段需要完成的工程数量及现金流动估算表。

(4)各单位工程或重点工程的施工方案和方法。

(5)材料、设备和劳动力供应计划。

(6)施工组织机构设置及质量保证体系,包括人员配备、试验室等。

1.1.2 年度进度计划的内容

(1)本年度计划完成的单位工程及施工阶段的工程项目内容、工程数量及投资指标。

(2)施工队伍和主要施工设备的数量及调配顺序。

(3)不同季节及气温条件下各项工程的时间安排。

(4)在总体进度计划下对各分项工程进行局部调整或修改的详细说明等。

1.1.3 月(季)度进度计划的内容

(1)本月(季)计划完成的分项工程内容及顺序安排。

(2)完成本月(季)及各分项工程的工程数量表及投资额。

(3)完成各分项工程的施工队伍及人力和主要设备的配额。

(4)在年度计划下对各单位工程和分项工程进行局部调整或修改的详细说明等。

1.1.4 关键工程进度计划的内容

关键工程是指整个项目中工程数量大、施工困难、技术复杂、对工程的工期起着控制作用的单项工程。对关键工程安排编制较为详细的进度计划,其内容一般包括以下几个方面。

(1)具体的施工方案和施工方法。

(2)关键工程的总进度计划及各道工序的控制日期。

(3)现金流动估计。

(4)各施工阶段的人力和设备的配额及运转安排。

(5)施工准备及结束清场的时间安排。

(6)对总体进度计划及其他相关工程的控制、依赖关系和说明等。

在进度计划的表示方法上,总体进度计划及关键项目的工程进度计划宜绘制网络图,年、月(季)度进度计划可采用横道图、进度曲线及有关形象进度图表示。总体进度计划和月(季)度进度计划中应绘制资金流量S曲线图。

1.2 监理工程师对进度计划的审批

监理工程师在接到施工单位提交的工程施工进度计划后,应对进度计划进行认真的审核检查。检查审核进度计划的目的是检查施工单位所制订的工程计划是否合理,是否符合工程项目的实际条件和施工现场情况及具备的施工力量。避免以不合适的工程施工进度计划来指导和控制施工,并在合同规定的期限内审批。

1.2.1 进度计划的提交

(1)总体性进度计划。

中标通知发出后,在合同规定的时间内,监理工程师应要求施工单位书面提交以下文件。

①一份详细和格式符合要求的工程总体进度计划及必要的各项关键工程的进度计划。

②一份有关全部支付的现金流动估算。

③一份有关施工方案和施工方法的总说明。

(2)阶段性进度计划。

在将要开工或开工以后合理的时间内,监理工程师应要求施工单位提交以下文件。

①年度进度计划及现金流动估算。

②月(季)度进度计划及现金流动估算。

③分项(或分部)工程的进度计划。

1.2.2 进度计划的审查步骤

监理工程师应组织有关人员对施工单位提交的各项进度计划进行审查,并在合同规定或满足施工需要的合理时间内审查完毕。审查工作应按以下的程序进行。

(1)阅读文件,列出问题,进行调查了解。

(2)提出问题并与编制人讨论澄清。

(3)对有问题的部分进行分析,向施工单位提出修改意见。

(4)对施工单位修改后且符合要求的进度计划审查批准。

1.2.3 进度计划的审查内容

(1)工期和时间安排的合理性。

①施工总工期的安排应符合合同工期。

②各施工阶段或单位工程(包括分部工程、分项工程)的施工顺序和时间安排与材料和设

备的进场计划相协调。

③易受气候影响的工程应安排在适宜的时间,并应采取有效的预防和保护措施。

④对动员、清场、假日及天气影响的时间,应充分考虑并留有余地。

(2)施工准备的可靠性。

①所需主要材料和设备的运送日期已有保证。

②主要骨干人员及施工队伍的进场日期已经落实。

③施工测量、材料检查及标准试验的工作已经安排。

④驻地建设、进场道路及供电、供水等已经解决或已有可靠的解决方案。

(3)计划目标与施工能力的适应性。

①各阶段或单位工程计划完成的工程量及投资额应与施工单位的设备和人力实际状况相适应。

②各项施工方案和施工方法应与施工单位的施工经验和技术水平相适应。

③关键线路上的施工力量安排应与非关键线路上的施工力量安排相适应。

经监理工程师审批的施工进度计划,作为施工单位指导施工的文件,也是监理工程师进行进度控制的依据。因此,监理工程师在审查进度计划时,应严格认真,可组织人员共同审查,也可与施工单位人员讨论,力求经审查批准的施工进度计划更合理、更可靠,与工程项目的施工内容更适应。

2 工程施工进度计划的控制与工程延误处理

在合理地确定工程施工进度以后,进度计划的实施是关键。运用动态控制原理控制进度,以进度计划为标准值,定期检查实际进度,将实际进度与计划进度进行比较,找出是否延误或延误值,采取措施,纠正延误。如延误无法纠正,则需对原计划进行调整。对已出现的延误,应找出其原因,并按承包合同的规定,对延误进行处理。

2.1 工程进度计划的控制

2.1.1 工程进度计划的实施检查

进度计划的检查,是计划执行信息的主要来源,是进度分析和进度计划调整的依据,也是进度控制的关键性工作。因此,应做好以下工作。

(1)在项目实施过程中,专业监理工程师应要求施工单位按单位工程、分项工程或工点对实际进度进行记录,并予以检查,以作为掌握工程进度和进行决策的依据。每日进行检查记录应包括以下基本内容:

①当日完成及累计完成的工程量;

②当日实际参加施工的人力、机械数量及生产效率;

③当日施工停滞的人力、机械数量及其原因;

④当日施工单位的主管及技术人员到达现场的情况;

⑤当日发生影响工程进度的特殊事件或原因;

⑥当日的天气情况。

(2)高级驻地监理工程师应要求施工单位根据现场提出的每日施工进度,及时进行统计和标记并进行分析和整理,每月向总监理工程师及其代表和建设单位提交一份每月工程进度

报告。该报告应包括以下内容:

①概况或总说明,应以记事方式对计划进度执行情况提出分析;

②工程进度,应以工程数量清单所列细目为单位,编制出工程进度累计曲线和完成投资额的进度累计曲线;

③工程图片,应显示关键线路上(或主要工程项目上)一些施工活动及进展情况;

④财务状况,应主要反映施工单位的现金流动、工程变更、价格调整、索赔工程支付及其他财务支出情况;

⑤其他特殊事项,应主要记述影响工程进度或造成延误的因素及解决措施。

(3)监理工程师应编制和建立各种用于记录、统计、标记、反映实际工程进度与计划工程进度差距的进度控制图及进度统计表,以便随时对工程进度进行分析和评价,并作为要求施工单位加快工程进度、调整进度计划或采取其他合同措施的依据。

2.1.2 工程进度计划的调整

在工程实施期间,经检查实际进度(尤其是关键线路上施工的实际进度)与计划进度基本相符时,监理工程师不应干预施工单位对进度计划的执行,但应及时掌握影响和妨碍工程进展的不利因素,以使工程按计划进行。

(1)在施工单位没有取得合理延期的情况下,监理工程师认为实际工程进度过慢,将不能按照进度计划预定的竣工期完成工程时,应要求施工单位采取加快的措施,以赶上工程进度计划中的阶段目标或总体目标。施工单位提出和采取的加快工程进度措施必须经过监理工程师批准。因加快工程进度措施而增加的施工费用及由此增加的附加费用由施工单位负担。只要施工单位提出的加快工程的措施符合施工程序并能确保工程质量,监理工程师应予以批准。

(2)如关键线路上某项工程的施工产生延误且无法用加快工程进度的方法消除延误,意味着整个工期将延长。在这种情况下,为了确保总工期,应对工程施工进行适当的调整。监理工程师应要求施工单位先把注意力集中在非关键线路上,看相邻的非关键线路上有无机动时间,能否把非关键线路上的机械、人员部分调整到关键线路上的关键工序上去,以缩短关键线路的施工时间。如果不能,为了满足关键线路的工程按计划完成,施工单位则可用延长工作时间,或者增加机械设备和人员来完成进度计划。在利用非关键线路上的机动时间时,要保证被利用的非关键线路不会成为关键线路且施工进度能按照计划完成。

(3)当非关键线路上某项工程产生延误时,如果实际进度与计划进度的差距并不对关键线路上的实际进度造成不利影响,可不要求对工程进度计划进行调整,只需对机动时间合理加以利用即可。如果工程进度比原计划进度延误较大,并影响到合同工期且无法调整时,则应按照关键线路延误一样来处理。

(4)当工程产生的延误较大,确实无法通过局部调整保证总工期,监理工程师应要求施工单位在批准的延误时间内对进度计划进行调整和修订。修订后的进度计划作为后一阶段施工进度控制的依据。

2.2 工程延误的处理

工程延误也叫工程延期,是在施工过程中,由于各种原因造成施工期的延长。按照 FIDIC 合同条件,造成工期的延长有两种情况:一是由于施工单位自身的原因,造成施工期的延长,称之为工程延误;二是由于施工单位以外的原因造成施工期的延长,称之为工程延期。工程延误和工程延期虽然都会导致工期的延长,但是它们属于两种不同的性质,建设单位与施工单位承担不同的责任。

为了叙述的方便，将工期的延长统称为工程延误。

2.2.1 工程延误的分类

按照 FIDIC 管理模式，可将影响工程进度的原因分为施工单位的原因、建设单位的原因、监理工程师的原因和特殊原因。

(1)施工单位的原因。

①施工单位在合同规定的时间内，未按时向监理工程师提交符合监理工程师要求的施工进度计划。

②工程施工过程中，各种原因使得工程进度不符合工程施工进度计划时，施工单位未按监理工程师的要求，在规定的时间内提交修订的工程施工进度计划，使后续工作无章可循。

③施工单位技术力量以及设备、材料的变化、对工程合同以及施工工艺不熟悉，造成施工单位违约而引起的停工或缓慢施工，引起工程施工进度延误。

④施工单位质检系统不完善和质量意识不强，或出现施工质量问题而返工、加固等引起工程的延误。

(2)建设单位的原因。

在工程施工过程中，建设单位未能按工程合同的规定履行义务，也会影响工程施工进度。

①监理工程师同意施工单位提交的工程施工进度计划后，建设单位未按施工进度计划随工程的进展向施工单位提供施工所需的现场和通道，施工单位的施工计划难以实现，导致工程延期。

②由于建设单位的原因，监理工程师未能在合同规定的时间内向施工单位提供图纸和指令，使施工单位无法施工；或施工单位已进入施工现场并开始施工，而发生设计变更且设计变更图纸未及时提交施工单位，从而导致工期延期。

③工程施工过程中，建设单位未按合同规定的期限支付施工单位应得的款项，造成施工单位暂停施工或缓慢施工，影响施工进度。

(3)监理工程师的原因。

由于监理工程师的失职、判断或指令错误以及未按程序办事等原因，影响工程施工进度。

(4)其他特殊原因。

①额外或附加工程的工程量增加。

②在工程施工中，由于异常恶劣气候的影响，使施工单位无法克服而使工程延误。

③地质条件的变化。

④无法预测和防范的自然力的作用及特殊风险的出现，如战争、地震、暴乱等。

2.2.2 工程延误(延期)后的处理

(1)由于施工单位的原因引起的工程施工延误。

①监理工程师要求施工单位采取可能的措施，加快施工进度。

②延误的工期确实无法抢回来时，则要求施工单位调整计划，对延误的工期作为施工单位违约，按合同的规定处理。

(2)非施工单位的原因引起的工程施工的延期。

①确定管理工程延期的条件。

由于非施工单位的责任，工程不能按原定的工期完工。延期发生后，施工单位在合同规定期限内向监理工程师提交工程延期意向；施工单位承诺继续按合同规定向监理工程师提交有关延期的详细资料，并根据监理工程师需求随时提供有关证明；延期时间终止后，施工单位在合同规定的期限内，向监理工程师提交正式的延期申请报告。

②工程延期的受理程序。

a. 收集资料，做好记录。监理工程师在收到施工单位延期意向后，应做好工地实际情况的调查和日常记录，收集来自现场以外的各种文件资料和信息。

b. 审查施工单位的延期申请。监理工程师收到施工单位正式的延期申请后，应对延期申请进行审查。延期申请的格式要满足监理工程师的要求，延期申请应列明延期的细目及编号；阐明延期发生、发展的原因及申请所依据的合同条款；附有延期测算方法及测算细节和延期涉及的有关证明、文件、资料、图纸等。

审查通过后，可开始下一步的评估。否则，监理工程师应将申请退回施工单位。

c. 延期评估。是否给予延期及延期的时间长短，要进行延期评估。要考察施工单位提交的申请资料是否真实、齐全，满足评审要求；申请延期的合同依据必须准确；申请延期的理由必须充分；申请延期天数的计算原则与方法应恰当。

监理工程师应根据现场记录和有关资料，进行修订并就修订的结果与建设单位和施工单位进行协商。

d. 审查报告，确定延期。监理工程师应根据现场记录和有关资料，经调查、讨论、协商，在确认延期测算方法及由此确定的延期天数、结论后，确定延期，签发有关附表，并附施工单位的延期申请及涉及的有关文件、资料、证明和监理工程师对该延期的评论。

第7章　公路工程施工费用控制监理

1　公路工程施工费用控制监理概述

1.1　工程费用的构成与特点

1.1.1　工程费用的构成

工程费用是由直接工程费、间接费、施工技术装备费及计划利润和税金构成。

1.1.2　工程费用的特点

由于建筑商品及生产不同于其他商品,这就决定了工程费用及支付有着自身的特点。

(1)建筑生产的单件性。

由于每个建筑商品都根据不同的地点、环境、满足不同的要求而设计、建造,工程商品只能每次单独设计、生产,因而其定价就是按件论价,半成品、成品的价格是按单位工程或分项工程量来定价,称为单价或费率。

(2)工程费用数量大。

建筑商品工程量大,资金使用量必然大,尤其是高等级公路和大跨径桥梁,因其质量等级要求高,技术难度大,施工困难,资金使用量更大。

(3)期货价格。

建筑商品资金使用量非常大,因而它不可能把建筑商品作为现货出售,而是作为一种期货商品,必须预先定价,如工程的概、预算。

(4)分阶段支付。

建筑商品由于其生产的露天性以及生产周期长、资金使用量大等特点,使其生产过程与支付过程一致,即边生产边支付。对各阶段生产出来的建筑商品半成品或成品予以支付相应的工程费用,保证施工企业资金进行下阶段建筑商品的生产。这与许多"一手交钱,一手交货"的商品生产与支付是不同的。

1.2　工程费用的影响因素

(1)物价上涨。

物价上涨主要指工程建设当地劳动力的价格、材料的价格以及到现场的运费和工程设备价格的上涨。这些价格的上涨会影响工程费用中的直接费,从而使工程费用增加。

(2)设计原因。

这主要指设计文件中产生的错误、漏项、设计标准的变化而导致工程量的变更,以及图纸提供不及时,对施工工期延长的影响。这些都会对工程费用产生影响。

(3)建设单位原因。

这主要指建设单位增加建设内容,没有做好协调工作,未能及时提供施工场地,工程款项未能及时支付等因素造成工程费用的变化。

(4)施工原因。

施工企业所采用施工方案不当,施工质量产生问题造成的返工或事故处理,施工的组织不力,造成工期的拖延。

(5)客观原因。

客观原因主要指自然因素、基础处理、社会原因引起的工程费用的变化。例如:自然因素中的水灾造成的水毁,基础处理所产生的工程变更;社会原因中战争引起的生产中止,以及利率、汇率的变化导致工程费用的变动。

1.3 工程费用监理的原则与方法

1.3.1 工程费用监理的原则。

(1)政策性原则。

工程费用监理应严格遵守国家的法律、法规、政策和机关的制度,在施工监理过程中处理好进度、质量与费用三者间的辨证关系。每一笔工程费用的签认都应符合国家有关政策的规定和要求,并协调好施工单位与建设单位的利益关系。

(2)合同原则。

监理工程师在进行工程费用监理时,必须遵守国家的政策和法规,以合同为依据,按合同的要求和精神,在合同所赋予的权利范围内对各类工程费用进行签认与支付。

(3)公正原则。

工程费用的签认与支付,直接影响到建设单位和施工单位的利益,因此监理工程师必须恪守公正的原则,使工程费用既合理又准确。

(4)责、权、利相结合的原则。

“责”是指要完成费用监理任务的责任,费用监理必须明确职责,否则无人负责;“权”是指监理工程师为完成费用监理任务所必须拥有的计量与支付的权利,没有权,也就无从监理;“利”是指费用监理任务完成的好而给予计量支付工程师的奖励,有了利才能促进责任的履行。费用监理的目标是使实际支付的工程费用合理、符合合同的要求。

1.3.2 工程费用监理的办法

(1)组织措施。

①在监理机构中落实工程费用监理的人员及分工。

②编制工程费用监理的工作计划和详细的工作流程图。

(2)经济措施。

①编制资金使用计划,确定、分解工程费用监理的目标。在费用监理过程中编制合理的资金使用计划是费用监理的依据和目标,资金使用计划的编制既要维护费用监理目标的严肃性,也要允许对脱离实际的既定费用监理目标进行必要的调整。资金使用计划分为按子项目划分的资金使用计划和按时间进度编制的资金使用计划。

②进行工程计量。

③复核工程付款账单,签发支付证书。

④在施工过程中进行跟踪控制,定期地进行费用支付值与计划目标值的比较,发现偏差,找出原因,采取纠正措施。

⑤对工程费用的支付做好分析和预测,定期向建设单位报告。

(3)技术措施。

①对设计变更进行技术经济比较,对变更的必要性进行审核,对变更工程数量现场监理、核准,严格控制设计变更。

②寻求设计的优化而节约工程费用的可能性。

③审核施工单位编制的施工组织计划,对主要施工方案进行技术经济分析。

(4)合同措施。

①做好日常施工监理记录,保存好各种文件图纸,尤其是涉及变更的图纸和文件,为正确处理可能发生的索赔提供依据。

②参与合同修改、补充工作,着重考虑它对费用监理的影响。

1.4 工程费用监理的职责与权限

监理工程师进行的工程计量与工程费用支付的职责与权限在工程监理服务合同和工程承包合同中体现。

(1)工程监理服务合同。

该合同中明确了监理工程师权力、义务和监理工程师必须严格遵守该合同中规定的权限,不得越权。

(2)工程承包合同。

在该合同的通用条款、专款、工程量清单中明确了监理工程师的费用监理权。一般在通用条款和工程量清单中明确职责和权力,在专用条款中明确了对权力的限制。

另外,国家的法律、政策和法规对监理工程师的职责和权力从外部加以约束和限制。

1.4.1 工程计量的职责与权限

(1)计量的职责。

计量的根本职责就是按照合同文件的有关规定准确测定已完成的实际工程量。实际工程量必须由监理工程师按照合同文件工程量清单的有关规定执行。

(2)计量的权力。

计量的权力就是监理工程师对计量结果的确认权,即计量工程师有权拒绝对质量不合格的部分予以计量,对重复计量、虚假计量的部分予以扣除。

(3)权力的限制。

由于计量工程师拥有对计量结果的确认权,这将决定工程款项支付数目,影响建设单位和施工单位双方的经济利益。合同文件中要求监理工程师必须维护双方的利益,公正独立地履行自己的职责。同时政府机关按有关法律和规定对监理工作加以监督。

1.4.2 支付的职责与权限

(1)工程费用支付的职责。

工程费用支付的职责,就是定期审核施工单位的各类付款申请,为建设单位提供付款凭证,从而保证建设单位对施工单位的支付公平合理。

(2)工程费用支付的权力。

①审查、签发中期支付证书,按合同得到正常履行的最终支付证书以及合同中止后任何款项的支付证书。

②对不符合技术规范和合同条件要求的工程细目和施工活动,有权暂时拒绝支付,待上述细目和活动达到要求后才予支付。

③具有对合同价格进行调整的权力。在合同执行期间,由于新的法律、法规的使用以及资源价格的变动导致工程费用发生变化,监理工程师应与建设单位和施工单位协商,以确定新的合同价格。

④具有确认工程变更和索赔产生费用的权力。

⑤其他有关支付方面的权力。

2 公路工程施工计量监理

2.1 计量监理的程序

公路工程施工计量分为驻地监理工程师办公室、高级驻地监理工程师办公室以及总监理工程师代表处三级管理程序。其中计量工作主要由驻地监理工程师办公室承担,高级驻地监理工程师办公室负责审核,总监理工程师代表处最后审定。

2.1.1 驻地监理工程师对工程的计量

(1)计量方式。

①监理工程师独立计量。

②施工单位单独计量。

③监理工程师与施工单位联合计量。

监理工程师与施工单位联合计量方式为目前普遍采用的方式,由监理工程师和施工单位计量员组成联合计量小组,计量项目和部位由监理工程师指定,计量过程由双方共同进行,计量的结果双方签字认可。这种方式与监理工程师独立计量相比,可以减少参与计量的监理人员,加快计量确认的时间;与施工单位单独计量相比,可更准确地对实际工程量予以计量,减少施工单位对计量的分歧。

(2)填写中间计量表。

中间计量表是计量的凭证,在进行现场计量时,由计量人员填写,经监理工程师核对确认后,作为中期付款的依据。

2.1.2 高级驻地监理工程师对计量结果的审查

高级驻地监理工程师主要对驻地监理工程师的工程计量进行全面审查,主要包括以下几个方面内容。

(1)计量的工程质量是否达到合同标准。

高级驻地监理工程师一方面审查施工单位的自检(试验)资料,以及驻地监理工程师的抽检资料(包括抽检项目、频率、试验情况),另一方面审查高级驻地试验室对工程项目的抽查试验结果。对未达到合同标准的项目,需施工单位进行修补或返工处理,直到达到标准后,高级驻地监理工程师再予以计量。

(2)计量的过程是否符合合同条件。

计量过程包括计量的简图、计量的方法以及计量的计算结果,若发现计量过程的错误,高级驻地监理工程师办公室可以直接修正,或通知驻地监理工程师进行改正。

2.1.3 总监理工程师代表处对工程计量项目的审定

代表处设置了专门负责计量制度的工程师,对全线各合同段的工程计量进行审定。在审定过程中有权对计量的工程项目的质量进行抽检,抽检不合格的项目不予计量,对计量过程有错误的项目进行修正或不予计量。只有经总监理工程师审查批准的计量项目,才予以支付工程款项。

2.2 计量监理的方法

监理工程师一般只对工程量清单中的全部项目、合同文件中规定的项目、工程变更项目的工程项目进行计量。

2.2.1 断面法

断面法主要用于取土坑或填筑路堤土方的计量。对于填筑土方工程而言,一般规定计量体积为原地面与设计断面所构成的体积。采用这种方法计量,施工单位需测量出原地面的断面,经监理工程师复核后,作为计量依据。

2.2.2 图纸法

工程量清单中,许多项目都采取按照设计图纸所示尺寸进行计量,如水泥混凝土结构物体积、钢筋的长度、钻孔桩的桩长等都是按图纸进行计量的。

2.2.3 钻孔取样法

钻孔取样法主要用于道路面层结构的计量。根据技术规范有关条款规定,路面结构层的计量按平方米计,必须保证结构层的设计厚度,因此采用钻孔取样法确定结构层厚度。

2.2.4 分项计量法

分项计量法就是将一个项目根据工序或部位分解为若干子项,对完成的各项目进行计量支付。子项计量支付的金额,根据估算的子项占总项的比例而定,但各子项合计的支付金额应等于项目规定的金额。

2.2.5 均摊法

均摊法就是对清单中合同价按合同工期每月平均计量,它适用于临时道路、桥梁的修建和养护、办公室的维修以及测量设备和气象记录设备的保养等项目。这些项目的特点是合同工期内每月都有发生,因此可以采用均摊法。

2.2.6 凭据法

凭据法就是按照施工单位提供的凭据进行计量支付。如工程险保险费和第三方责任险保险费等项目,一般按凭据法进行计量支付。

2.2.7 估价法

估价法就是按合同文件规定,根据监理工程师估算的已完成的工程价值支付。如为监理工程师提供办公和生活设施、用车以及测量、天气记录和通信设备等项目。这类清单项目往往需要购买几种仪器设备,当施工单位对于某一清单项目中规定购买的设备不能一次购进时,则需采用估价进行计量支付。

2.3 工程计量监理中应注意的问题

2.3.1 计量项目应满足计量条件

(1)计量项目的工程质量必须满足技术合同规范要求。

(2)计量项目的验收资料必须齐全。验收资料包括以下内容:

①监理工程师批准的施工单位的开工报告;

②施工单位的自检资料以及试验数据(按技术规范规定检验的频率);

③监理的抽验资料以及试验数据(按合同规定的抽验频率);

④监理工程师签认的中间交工证书。

2.3.2 计量的数据、计算结果应准确

数据，特别是高程、宽度、桩号及结构物的几何尺寸等原始数据，应对照设计图纸或实地数量进行检查，做到每一数据准确无误。计量的计算结果应根据计量图式和计量公式进行复核，以免出现计量的计算差错。

2.3.3 计量的方法应正确

监理工程师应熟练掌握计量方法及计量的细则，这是计量和审核的合同依据。

2.3.4 防止计量项目的重叠和漏项

目前执行的合同一般为单价合同，其合同单价一般是固定不变的，是综合单价，包括很多内容，对清单中没有的计量项目一般都包括在相应的项目内容中。例如，合同规定桥台基础开挖后砂砾垫层的铺筑与回填，其单价包括在基础挖方中，不应单独计量。

3 公路工程费用支付

3.1 支付原则

3.1.1 支付必须以工程计量为基础

工程计量必须以质量合格为前提，所以工程费用的支付就必须在质量监理和准确计量的基础上进行，没有准确的计量就不可能有准确的支付。

3.1.2 支付必须以技术规范和报价为依据

(1)技术规范。

技术规范中对工程的细目的支付的项目、各项目的支付内容和要求都有具体的规定。因此技术规范是监理工程师支付工程费用的指导文件和依据。

(2)报价单(有标价的工程量清单)。

工程量清单经施工单位填报价格后就成了报价单，报价单是费用支付时的单价依据。对于报价单中没有单价的工程细目，其费用已摊入其他的细目的单价之中，施工单位必须完成技术规范和图纸所规定的全部工作内容并达到规定要求。报价单的单价是不能变动的，除非发生工程变更。

3.1.3 支付必须及时

工程费用具有数量大以及分期分阶段支付的特点。由于施工生产需要大量的资金投入，施工单位无法也不愿垫付过大的资金。因此，监理工程师必须按时组织工程费用的支付，这也是合同本身的要求。

3.1.4 支付必须以日常记录和合同条款为依据

工程费用的支付，除了工程量清单中的常规支付外，还有很多工程量清单外的内容需要支付，如价格调整、工程变更、索赔、计日工等支付内容无法在工程量清单中予以明确。对于这些支付内容，监理工程师必须根据合同条款，结合工程施工的日常记录做好支付工作。

3.1.5 支付必须遵循严格的程序

工程费用的支付必须做到准确、合理，因而合同文件对支付的程序作了严格的规定，包括支付的条件，支付的方法和申报，计算、复核、审批的具体要求，从组织上、技术上确保了支付质量。

3.2 支付的分工与管理

3.2.1 支付的分工

一个监理机构的监理人员，根据分工不同分为项目工程师（道路工程师、结构工程师、测量工程师）、合同工程师及计量支付工程师。计量与支付工程师负责工程费用的支付工作。

3.2.2 支付的管理

支付工作的管理目前采用三级管理模式，即驻地监理的一级管理、高级驻地监理的二级管理及总监理代表处的三级管理。

(1)驻地监理工程师对支付的管理。

①审查施工单位的付款申请，具体内容有：审查付款申请中的各项款额的依据；核对付款申请中的单价是否与工程量清单和工程变更清单相符；核实到达现场的材料规格和质量是否符合规范的要求，数量是否与实际相符；审查工程质量等。

②编制付款证书。

(2)高级驻地监理工程师对支付的管理。

①审核付款项目的质量，对质量不合格的项目拒绝支付。

②审核材料预付款的支付情况。

③审查付款证书的各个细目，对支付项目中有误处予以纠正。

(3)总监理工程师代表处对支付的管理。

总监理工程师代表处有权对任意支付项目的工程质量进行抽检，对质量不合格的支付项目或不符合支付条件的项目，一律予以拒付。

3.3 支付的种类

3.3.1 按时间分类

工程费用支付按时间分类，可分为前期支付、中期支付及最终支付三种。

(1)前期支付。

前期支付有动员预付款、履约保函手续费和保险手续费三种。其中动员预付款是建设单位提供给施工单位的无息款项，按一定条件支付并扣回。

(2)中期支付。

中期支付有工程款、暂定金额、计日工、材料设备预付款、工程变更、保留金、索赔价格调整及迟付款利息等项目。中期支付按月进行，由监理工程师开出中期支付证书来实施。

(3)最终支付。

最终支付是建设单位与施工单位之间的最后一次结算，监理工程师应确认施工单位的遗留工程及缺陷工程。已完成并达到规范标准后，签发最终支付证书。

3.3.2 按支付内容分类

按支付内容可分为工程量清单内的付款和工程量清单外的付款，即清单支付和合同支付。

(1)清单支付。

由计量的工程数量和工程量清单单价计算和支付清单各项工程的费用。

(2)合同支付。

工程量清单以外的工程费用由监理工程师按合同条件规定和施工现场记录及工程进展情况进行计算和支付，简称合同支付。

3.3.3 按工程内容分类

按工程内容不同,支付可分为路基工程支付、路面工程支付、桥梁工程支付、防护工程支付等。

3.3.4 按合同执行情况分类

按合同执行情况不同,支付分为正常支付和合同中止支付两类。正常支付是指合同顺利履行而产生的支付结果。合同中止支付是指由不可抗力或施工单位及建设单位的违约造成合同无法继续履行而出现的支付结果。

3.4 支付的程序

工程支付程序分为中期支付程序和最终支付程序。

3.4.1 中期支付程序

(1)中期支付申请。

施工单位应在月末向监理工程师提交工程月报表,通过监理工程师向建设单位提出付款申请,月报表应表明施工单位在当月应收取的金额。月报表的内容通常包括:已完成的永久工程的价值;施工单位的设备;临时工程;计日工等的款额,材料和待安装工程装置的发票价值的分期付款;价格调整的款项等。表格的形式需经监理工程师认可。

(2)中期支付申请的审定。

监理工程师在收到施工单位的付款申请后,应在合同规定的时间内对其进行审核,审核内容包括以下几个方面:

①申请的格式、内容应满足合同的要求;

②各项资料、证明文件真实、齐全;

③所有款项计算与汇总无误,其中某一方面出现问题,则调整施工单位月报表。

(3)《中期支付证书》的签发。

监理工程师审核并修正施工单位的支付申请后,计算付款净金额,若净金额小于合同最小限额,则不签发支付证书;若净金额大于合同最小限额,监理工程师则应向建设单位签发《中期支付证书》,副本抄送施工单位。

监理工程师可通过任何一期《中期支付证书》,对已支付工程发现问题或已颁发的支付证书的错误予以纠正。

3.4.2 最终支付程序

(1)最终支付申请。

施工单位应在合同规定的时间内向监理工程师提交最终支付申请。

(2)最终支付申请的审定。

监理工程师应在合同规定的时间内,完成对最终支付审定,审定的内容如下:

①申请的格式和内容,应满足合同规定及监理工程师的要求;

②相应的系列结算清单,必须齐全、完整;

③相应的系列证明资料有监理工程师的签字认可;

④确认所有计量与支付均没有遗漏、重复,计算准确,汇总无误。

(3)签发《最终支付证书》。

监理工程师应按合同规定审核施工单位的最终支付申请,向建设单位签发《最终支付证书》,并将副本抄送施工单位。

3.5 一般支付项目

工程支付的内容可分为清单支付和合同支付两类。

3.5.1 清单支付项目

在工程费用支付中清单支付所占比重很大,包括以物理单位计量的项目、以自然单位计量的项目、暂定金额和计日工四类。凡在工程费用预算时能比较准确地计算的工程细目和工作内容应以物理单位和自然单位计量支付,而不太明确但却可能发生的工程内容则使用计日工和暂定金额来计量支付。

(1)以物理单位计量支付项目。

费用计量方法是以每月完成工程项目的计量的数量与报价单中相应的单价相乘来得到支付金额。

(2)以自然单位计量支付的项目。

以自然单位计量支付的项目分为按项支付和单纯按自然单位计价支付两种情形。例如某一涵洞、通道和某一项试验都属于按项支付项目。又如桥梁支座以块计价、砍伐树木以棵计价等,属于单纯按自然单位计价支付项目,只需将实际数量与报价单中的单价相乘即可。

(3)暂定金额。

暂定金额是指包含在合同之内,并在工程量清单中以此名称标明的,为了实施在工程的任何部分或为了供应货物、材料、设备或提供服务或提供不可预见费用的一项金额。

暂定金额可按监理工程师的指令全部或部分地使用或者根本不予动用。根据监理工程师的要求,施工单位应提供有关暂定金额项目开支的全部报价、发票、凭单、账目和数据,经审核后才能进行暂定金额的支付。

暂定金额的支付价格有两种方式,即按工程量清单的报价和标书附录的价格。

(4)计日工。

监理工程师可指令施工单位按计日工完成特殊的、较小的变更工程或附加工程。工程师指令使用计日工时,施工单位应每日填写有关该项工程的报表,且一式两份,报送监理工程师审查,报表内容如下:

①用工清单;

②材料清单;

③机械、设备清单(故障或闲置的施工机械不支付费用);

④费用清单(根据合同规定的费率列出计日工劳务、材料和施工机械的费用清单以及相应的证明资料)。

3.5.2 合同支付项目

合同支付项目占工程费用支付的比例不大,但其灵活性很大,较难控制,因此合同支付是费用支付的重点和难点。

合同支付项目包括动员预付款、材料预付款、保留金、工程变更、索赔费用、价格调整、拖期违约损失金、提前竣工奖金和迟付款利息等共9项。前3项作为一般支付项目。

(1)动员预付款。

动员预付款是一项建设单位提供给施工单位用作开办费用的无息贷款,提供这项资金的目的在于减轻施工单位的资金压力。国际上规定其额度范围是工程款的0%~20%。

①动员预付款的支付。

监理工程师在施工单位已完成签订合同协议、提交银行保单、提交了动员预付款的保单后，按标书中规定的额度向建设单位提交动员预付款证书，建设单位对预付款数进行核批，以中期付款证书的形式支付给施工单位。

②动员预付款的收回。

动员预付款将以中期支付证书扣除的方式收回，常见的扣回方法有按时间扣回和按金额扣回。

a. 按时间扣回。

扣回时间开始于中期支付证书中工程量清单累计金额超过合同价值20%当月，止于合同规定竣工日期前三个月的当月，在此期间逐月等值扣回，计算公式为：

$$G = F/[E - (D - 1) - 3]$$

式中：G——月扣除动员预付款数额（元）；

F——已付动员预付款；

D——中期支付证书中工程量清单累计支付达到合同金额的20%的时间（月）；

E——合同工期（月）。

b. 按金额扣回。

扣回时间开始于工程中期支付证书中工程量清单累计支付金额超过合同价值的20%的当月，但止于支付金额达合同金额的80%的当月。

在此期间，按中期支付证书当期完成的工程款占合同价值60%的比例，予以扣回。计算公式为：

$$G = M \times B/(\text{合同价} \times 60\%)$$

式中：G——中期支付证书扣回预付款数额（元）；

M——中期支付证书当期完成的工程量清单的金额（元）；

B——已付动员预付款（占合同价的比例）。

（2）材料预付款。

材料预付款是指建设单位给施工单位支付材料及设备预付款，以供施工单位购进将用于和安装在永久工程的材料及设备之用，不计利息。

材料预付款支付时，施工单位应向监理工程师提交材料设备的费用凭证或支付单据，材料预付款一般按所购材料设备支付单据开列费用的75%支付。

材料预付款的支付与扣回采取逐月同时进行的方法，这种方法就是在对本月的现场材料设备支付款额的同时，扣回上月已支付的预付款，其计算方法为：

本月付款金额＝本月末现场材料设备价值的75%－上月末现场设备价值的75%

（3）保留金。

保留金是监理工程师根据合同条件的规定，从支付给施工单位的付款中替建设单位暂扣留的一种款项，使施工单位能完全履行合同。如果施工单位未能履行合同中的规定应承担的责任，则扣除额就成为建设单位的财产。

①保留金的扣除。

建设单位每次从付给施工单位的款额中，按其中永久工程的付款金额的10%扣留，直到累计扣留金额达到合同总价的5%或10%为止，永久性工程的付款包括工程量清单、工程变更、价格调整和费用索赔四项费用。

②保留金的使用。

在施工阶段或缺陷责任期内，施工单位未能对缺陷工程进行修补，建设单位可使用保留金中的一部分雇佣他人完成有关工作。

③保留金的退还。

当签发整个工程的交工证书时，监理工程师应当把一半保留金退还给施工单位并开具证明书。

当工程的缺陷责任期满时，保留金的另一半将由监理工程师开具证书退还给施工单位。此时也应扣除已使用的保留金的金额。

3.6 工程变更支付项目

3.6.1 工程变更的类型

FIDIC合同条件下的变更分为两类：一类是工程上的变更，并且对变更金额超过一定的限度后就对费用予以调整；另一类是合同上的变更，即通过工程变更对合同文件进行修改。

工程变更包括设计变更、进度计划变更及施工条件变更，也包括监理工程师指令的"新增工程"。

工程变更原因可能来自多方面，有建设单位的原因；有监理工程师的原因；有施工单位原因。无论任何一方提出工程变更，均应由监理工程师签发工程变更指令，没有监理工程师指令，施工单位不得进行任何变更。

3.6.2 变更的工程量核算和单价分析

(1)核算工程量。

监理工程师在核算变更的工程量时，可依据监理工程师记录和施工单位提供的工程数量。

监理工程师和旁站人员的现场记录是核算变更项目实际工程量的重要依据，作为监理工程师应充分做好现场记录资料和试验数据的整理工作。

施工单位提供的工程数量如果经过监理工程师审核，也可以作为核算工程量的依据。

(2)单价分析。

工程变更的单价涉及到建设单位和施工单位的切身利益，监理工程师必须完成大量且详细的测算工作，公正地对每一个变更项目进行估价。在特殊情况下，变更也可能是承包方的违约所致，由此引起的费用必须由承包方承担。

根据合同条件，变更工程的单价可按下述原则确定。

①如果工程量清单的单价或价格适宜，应用于变更工程项目采用工程量清单的价格分三种情况：直接套用，即直接采用工程量清单上的价格；间接套用，即依据工程量清单经换算后采用；部分套用，依据工程量清单，取用其价格中的某一部分。

②如果工程量清单没有适合于变更工程的单价或价格，则由建设单位和施工单位一起协商单价或价格，意见不一致时，由监理工程师进行最终确定。一旦监理工程师决定的价格不太合理，施工单位有权就此向建设单位提出费用索赔。

③当工程变更规模超过合同规定的某个范围时，则单价或合同价格应予以调整，具体情况有两种：

工程变更总费用超过15%；对于单项工程，合同中任何一个工程细目变更后的金额超过合同价格的2%，而且该细目的实际工程量大于或小于工程量清单所列数量的25%。

④如果监理工程师认为有必要，对变更工程也可以采取计日工的方法进行。

3.7 索赔费用的支付

索赔是在工程承包合同履行过程中，当事人一方由于另一方未履行合同所规定的义务而遭受损失时，损失方提出赔偿要求的行为。

施工索赔包括两个方面：一是对额外消耗资源的索赔，表现为费用索赔；二是时间索赔，表现为延期。

费用索赔是施工单位根据合同的有关条款，通过监理工程师，向建设单位索要合同价以外的费用，作为对自身经济利益的损失的补偿。

3.7.1 索赔费用的计算

(1)提出索赔应报送的资料。

施工单位向监理工程师提交的索赔报告应包括以下三项内容。

①索赔的理由和依据。施工单位必须说明索赔的理由和依据，其内容包括进行索赔的原因。

②索赔费用。施工单位必须说明根据索赔的理由和依据所计算的索赔费用。

③记录和证据，包括提出索赔的意向通知书；有关的信件、图纸、计划表、报告、工程照片、会议记录、价格分析结果和实验室计算结果以及计量的计算结果。

(2)监理工程师审定。

①索赔细目与相应工程量的审定。

索赔细目与相应工程量的审定主要步骤如下：

a. 分析施工单位的记录和证据；

b. 分析和阅读监理工程师的原始记录。如工地日志、监理工程师日记、计量与支付报表等；

c. 现场核查。监理工程师根据上述两方面记录，到现场对重要内容进行核查；

d. 综合分析。根据上述两方面记录和现场核查结果，根据合同文件进行综合分析，确定哪些索赔项目是合理的和有依据的。

②单价和费率的分析与确定。

单价和费率的分析与确定的方法有以下几种：

a. 利用工程量清单中的单价；

b. 采用协商费率；

c. 采用正式规定和公布的标准确定费率。正式公布的标准有《公路工程预算定额》及《交通部施工企业会计补充条例》等；

d. 按有关票据计算。

③计算审查。

在计算审查施工单位费用索赔报告中，应注意以下几点：

a. 索赔费用金额的计算原则和方法是否正确；

b. 计算过程中和结果有无计算错误。

3.7.2 索赔费用的支付

根据已审核的索赔细目和工程量确定了单价和费率后，按合同文件规定的方法计算出索赔费用金额。监理工程师把索赔费用在中期支付证书中作为一个支付项目支付给施工单位。

3.8 价格调整费用的计算与支付

实行价格调整是国际竞争性招标项目中的惯例,它体现了建设单位和施工单位公平、合理地分担价格意外风险,使投标人报价时能够合理地计算标价并免除其中标后因为劳动力或原材料价格上涨而带来的风险,又保证了建设单位能够获得较真实的报价,以及在工程决算时能在一个合理的价格水平上支付工程费用。

一般来说,对于一年或更短时间内可以竣工的短期合同无需进行价格调整。对于工期较长的合同,应随劳务、设备、原材料、燃料和运输价格等因素变化进行价格调整。

价格调整费用的计算与支付方法有两种:票证法和公式法。

3.8.1 票证法

票证法是根据地方劳力和规定和材料等基本价格与现行价格之差进行调整。这里的基本价格是指投标截止日前28d的材料价格。现行价格指在提交标书后,工程实施中采购材料的价格。

3.8.2 公式法

公式法规定一种或几种固定的公式,把全部合同价格分成若干组成部分,然后按各部分的价格指数进行综合调整。

第8章　公路工程施工监理合同管理

1　经济合同的基本知识

1.1　经济合同的组成

1.1.1　合同文件的组成

合同是当事人设立、变更和终止相互权利和义务关系的协议。经济合同是合同中的一种，是法人之间为实现一定的经济目的、明确相互权利和义务关系的协议。

合同文件的内容由当事人约定，一般包括以下条款：

(1)当事人的名称或者姓名和住所。

(2)标的。

标的指合同中当事人双方权利和义务共同指向的对象，通常指货物、劳务、工程项目及货币等。合同种类不同，其标的也不同。例如建筑安装工程承包合同的标的是建筑工程项目。

(3)数量。

数量是计算标的的尺度，将标的定量化，以便计算价格和价金。

(4)质量。

质量是标的物内在的特殊物质属性和社会属性，是不同标的之间差异的具体特征。它是标的物价值和使用价值的集中表现。标的质量有国家标准的按国家标准订立；没有国家标准而有部颁或省颁标准的，按部颁标准或省颁标准订立；没有上述标准而有行业标准或企业出厂标准的(如产品证明书、合格证等)，均应写名相应的质量标准。

(5)价款和报酬。

价款通常指当事人一方为取得对方转让的标的物而支付给对方一定代价的货币。报酬指当事人一方为对方提供劳务、服务而获取一定数额货币的报酬。

(6)履行期限、地点和方式。

履行期限是指交付标的和支付价金的时间，也即依据合同的规定，权利人要求义务履行的请求权发生的时间。履行地点是指合同标的和结算的具体地址。它包括标的的交付、提取地点，服务、劳务或工程建设的地点，价金结算地点等。履行方式指合同规定当事人双方以何种具体方式转移标的物和结算价金。

(7)违约责任。

违约责任指合同规定当事人任何一方不履行义务时，必须承担的经济法律责任。违约责任包括支付违约金、经济补偿赔偿金以及发生意外事故的处理等其他责任。

(8)解决争议的方法。

解决争议的方法是指合同规定双方当事人在履行合同过程中，发生经济权利和义务争执时优先采用的纠纷处理方式，即协商、调解、仲裁、诉讼等。

1.1.2　FIDIC 合同条件简介

国际咨询工程师联合会自成立以来,颁布了许多国际通用文件。其主要特色包括以下几个方面。

(1)适用条件。

①FIDIC 合同条件要求该合同条件与技术规范、工程图纸和工程量清单等文件一起应用,其中土木工程合同文件(简称 FIDIC 条款)是管理工作中应该了解的合同文件,共同构成建设单位与施工单位之间的合同文件。

②FIDIC 合同条件适用于计量型的单价合同,不适用于总价合同;虽然投标价是建设单位接受投标和签订合同的基础,但最终的合同价是以完成的各单项工程的数量乘以所报单价来结算的;尽管单价合同中也包含了少量总付项目——例如施工单位的驻地建设"包干"项目,但并不影响其以单价为结算依据的合同属性。

(2)第三方监理。

FIDIC 条款中,在合同当事人双方——建设单位和施工单位中间,有"工程师"也称总监理工程师这一重要角色。因为只能在建设单位任命工程师负责合同管理的前提下,才能使用 FIDIC 条款。通常由建设单位聘用监理咨询公司承担施工监理任务。工程师不属于合同中的一方,但在执行合同上处于第三方地位,也就是独立的第三方监理。尽管监理工程师受雇于建设单位,从根本上代表建设单位的利益,但在管理合同上处于一种准司法地位。他的职权由建设单位委任,授权的范围还可以由建设单位在专用条件中予以限定。

(3)风险的分担。

经过多次修订,FIDIC 条款对合同各方风险的分担愈趋公平合理。施工单位对责任与风险程度做到心中有数,可以降低报价,从而也使建设单位受益。

(4)专用条件。

FIDIC 条款除了通用条件作为第Ⅰ部分外,还编写了第Ⅱ部分,即专用条件。此专用条件是针对具体项目的实际情况专门编写的,或者对通用条件中的某些条款的具体化,或是加以补充、修改或删除,或增添的条款。

(5)合同条件标准化。

由于 FIDIC 条款广泛的适用性,当今世界上已有许多国家的政府工程部门批准采用 FIDIC 条款作为标准的土木工程施工合同条件。大量推广采用标准化的合同条件,易于使施工单位熟悉它,掌握其中责任与风险的分担与程度,也就易于吸引更多的施工单位参加竞争性投标。同时,咨询公司在承担编写招标文件与施工监理和监理人员培训上,也有"驾轻就熟"和"知己知彼"之便。

(6)中立性。

FIDIC 合同条件是一种中立性的合同条件,由前述特点也可以看出,它不偏袒当事人任何一方。这是因为 FIDIC 条款的草拟、讨论、编写、批准过程中,有两个主要集团参加:一个是咨询工程师组织,另一个是施工单位协会组织。因此 FIDIC 的每一条款的制订和逐次修订,与其说是讨论,不如说是"谈判"的结果。

(7)语言与法律。

FIDIC 条款是由 ICE 条件转化而来,自然带有英国法律特点和古英语文体,对于非英属或非英语国家来说是十分难懂的。屡经修订,尤其是第四版,在上述两方面确有改进,语言也较为现代化,可以为工地一般管理人员读懂。尽管如此,毕竟法律语言有它的严谨性、确定性并与其来源有关，所以 FIDIC 条款尽管译成各种文字，在国际承包中，合同文本仍以英文为准。

1.2 经济合同的订立、变更与解除

1.2.1 经济合同的订立

(1)订立经济合同的基本原则。

订立经济合同是当事人双方为设立、变更、终止相互权利义务关系的法律行为，因此，对订立经济合同应遵循相应的原则，《中华人民共和国合同法》(以下简称《合同法》)作了明确的规定。其主要原则有以下几个方面。

①合法原则。首先，签订经济合同的当事人必须具有合法的资格；其次，订立的程序和合同的内容要合法。只有当事人遵守合法原则，所签订的经济合同才具有法律效力，并得到国家保护。否则，国家法律不仅不予保护，还要根据违法行为的结果，追究当事人的法律责任。

②平等互利、协商一致的原则。在签订合同时，双方之间的地位、意志和权利都是平等的，法人之间没有大小和高低之分，因此不能把一方的意志强加在另一方的身上，要贯彻自愿的原则。

③等价有偿的原则。合同是商品经济的产物，因此在签订合同时，要符合价值规律，按照等价交换的原则，公平合理地分配双方之间的利益，不能损害任何一方的正当利益，也不能损害社会公共利益和任何第三方利益。

(2)订立合同的程序。

订立经济合同的程序，是指当事人双方依法就经济合同的主要条款经过协商一致，并签署书面协议的过程。这一过程可分为要约和承诺两个阶段。

①订约提议(要约)。订约提议是指当事人一方(提议人)向他方提出订立经济合同的要求及含有主要条款的合同草案。提议的主要内容有标的的名称、数量、质量、价格和交付期限、约定对方答复提议的期限等。

②接受提议(承诺)。接受提议是指当事人另一方(接受人或承诺人)对提议人提出的订约提议作出完全同意的意见表示。订约提议一经接受人接受，并在约定的期限内使提议人收到接受提议的答复就是承诺，合同即告成立，接受人即负有履行合同的义务。

(3)经济合同的有效条件。

经济合同依法订立才具有法律效力。订立经济合同应具备以下条件。

①经济合同当事人要有合法的资格。经济合同当事人是经济合同法律关系的主体，其主体资格必须合法。机关、企事业单位和各社会组织作为经济合同的当事人必须具有法人资格。不具备法人资格的部门、单位订立的经济合同属无效合同。

法人通过法定代表人订立经济合同，如有必要，法定代表人可以授权委托有关业务人员或其他代理人订立经济合同。

②经济合同的内容要合法。经济合同当事人双方订立合同是法律行为，合法的法律行为受法律保护。因此，经济合同的标的、价款、履行方式以及违约责任等内容都不得违反国家法律和法规，否则属无效的经济合同。

③订立经济合同的程序和形式要合法。经济合同当事人必须依据法定程序，按照法定形式订立经济合同。法定程序包括订约协议和接受提议、经济合同行政管理机关鉴证、业务主管行政机关登记批准的程序。经济合同除即时清结者外，应当采取书面形式。

(4)无效经济合同。

无效经济合同是指虽经当事人双方协商订立的，但因不具备或违反法定条件，国家法律不承认其法律效力的合同。

《合同法》第二十五条规定，有下列情形之一的合同无效：一方以欺诈、胁迫的手段订立的合同；恶意串通，损害国家、集体或第三方利益；以合法形式掩盖非法目的；损害社会公共利益；违反法律、行政法规的强制性规定。

根据《合同法》第五十八条规定：合同无效或者被撤销的，因该合同取得的财产应当予以返还；不能返还或者没有必要返还的，应当折价补偿。有过错的一方应当赔偿对方因此所受到的损失。双方都有过错的应当各自承担相应的责任。

1.2.2 经济合同的变更和解除

随着人的主管愿望和客观情况的变化，合同的内容也应随之变化。所以，在一定的条件下，法律允许变更和解除合同。

所谓合同的变更，是指当事人在法律规定的条件下，在未履行或未完全履行合同前，经双方协商一致，对合同的主体、内容进行增减、修改或变更所达成的新的协议。

所谓合同的解除，是指合同当事人在签订合同以后，在没有履行或未完全履行合同义务之前，经双方协商一致所达成的提前终止合同的协议。

根据《合同法》第七十七条规定，当事人协商一致，可以变更合同。法律、行政法规规定，变更合同应当办理批准登记等手续。《合同法》第九十四条规定，有下列情形之一的，当事人可以解除合同：因不可抗力致使不能实现合同日的；在履行期限届满之前，当事人一方明确表示或者以自己的行为表明不履行主要义务；当事人一方迟延履行主要义务，经催告后在合理期限内仍未履行；当事人一方迟延履行义务或者有其他违约行为致使不能实现合同的；法律规定的其他情形。

变更和解除合同是一种法律行为，应遵守法定程序，变更和解除合同的程序与订立合同的程序类似。

1.3 经济合同纠纷的处理

合同纠纷是指在合同履行中双方当事人对经济权利和经济义务所发生的争执，或称争议。《合同法》第一百二十八条规定，当事人可以通过和解或者调解解决合同争议。当事人不愿和解、调解或和解、调解不成的，可以根据仲裁协议向仲裁机构申请仲裁，没有仲裁协议的可以向人民法院提起诉讼。根据以上规定，合同在履行过程中，合同纠纷的处理方式有协商、调解、仲裁、诉讼四种。

1.3.1 协商

合同纠纷的协商，是指合同当事人在履行合同过程中对所产生的合同纠纷，互相主动接触，充分协商，取得一致意见，从而正确解决合同纠纷的一种方法。协商应遵守：维护国家利益、集体利益和当事人合法权益的原则；符合国家法律、政策规定和国家计划要求的原则。

1.3.2 调解

调解是指在第三者参加下，由第三者出面认真查明事实，分清责任，通过说服调解，从而促使双方互想谅解，在双方当事人同意的条件下，解决合同纠纷的一种方法。

调解合同纠纷主要有以下四种方法：

①当事人上级主管机关的调解；

②律师事务所调解；

③工商行政管理部门调解；

④人民法院调解。

不论采用何种形式都应遵守双方当事人自愿、分清是非、明确责任和调解合法的原则。

1.3.3 仲裁

合同的仲裁是指合同双方当事人之间因合同发生争议，经双方协商不成、调解又达不成协议时，当事人根据仲裁协议向合同仲裁机构申请，由合同仲裁机构作出的裁决。

我国经济合同仲裁机构是国家工商行政管理局和地方各级工商管理局设立的经济合同仲裁委员会。仲裁经济合同的程序如下。

(1)申请与受理。

合同当事人之间发生争议后，其中任何一方均可向有管辖权的仲裁机构申请仲裁，并提交仲裁申请书。仲裁机构收到申请书，经审查符合手续等要求后，应在7日内立案。被诉讼方在收到申请书副本后15日内提交答辩书和有关证据，否则被诉方等于放弃自己应有的答辩权利。

(2)仲裁庭的组成。

仲裁庭由3个及以上奇数人员组成，并设有首席仲裁员1人。

(3)调查取证。

仲裁机关受理案件后，承办人必须首先查明事实真相。主要方法有：审阅申诉书、答辩书；听取当事人双方陈述，收集证据等。为避免在合同纠纷处理期间造成更多的财产损失或防止另一方当事人转移、变卖财产，影响裁决的执行，仲裁机关可根据当事人的申请，采取中止合同履行、查封扣押货物、停止运输、变卖不易保存的货物并保存价款、冻结与案件有关的银行存款等保全措施。

(4)调解。

合同纠纷的仲裁实行先行调解的原则。仲裁机关应当在查明事实、分清责任的基础上进行调解，促使当事人互相谅解，达成协议。在双方资源的基础上达成调解协议。调解未达成协议的，由仲裁庭仲裁。

(5)仲裁。

仲裁庭应认真听取当事人的陈述和辩论，出示有关证据，以少数服从多数的原则作出决议，并以仲裁书的形式通知双方当事人。仲裁裁决是终局的，如果一方不履行裁决，另一方可向人民法院申请执行。

1.3.4 诉讼

《合同法》规定，合同纠纷的当事人没有订立仲裁协议或者仲裁协议无效的，可以向人民法院起诉。

(1)起诉与受理。

原告向法院递交起诉书，即表明诉讼开始。人民法院在接到当事人的起诉状时，首先审查是否符合起诉条件及是否有管辖权。符合起诉条件的，应在接到起诉状之日起7日内立案。

(2)审理。

①调查和调解。审判人员要经过认真细致的调查、勘验和鉴定，明确纠纷发生的地点、时间、原因和双方争执的焦点以及证据来源，查清事实后，法庭对受理的案件应尽可能通过调解

解决,促使双方当事人达成协议,解决彼此的纠纷。调解不成,由法庭判决。

②审理与判决。审判人员在当事人及其他诉讼参与人的参加下,经宣布开庭,法院调查,法庭辩论,最后进行判决。当事人若不服一审法院判决,应在规定的时间内向二审法院上诉。二审法院对上诉案件经过审理可作如下处理:驳回上诉,改正判决;发回原法院重新审理或自行判决。

我国实行二审制。二审为终审,当事人只能申诉不能再行上诉,必须无条件执行二审判决。

2 公路工程变更合同管理

公路工程项目由于设计深度不够,或不可预见的自然因素与环境情况变化等,或合同双方当事人或第三方的干预和要求,都会引起工程的变更。

2.1 工程变更的概念与一般规定

(1)变更是指对施工单位在投标时所依据的合同文件与图纸而言所作出的变更。

(2)当建设单位和监理工程师决定进行某项设计变更时,监理工程师有权指示施工单位进行工程变更,并发出指令。施工单位有权在工程变更时,得到应有的工程变更款项。

(3)施工单位根据工程施工情况,提出合理的变更,报请工程师批准后,下达变更令。没有监理工程师的指令,施工单位不能进行任何工程变更。

(4)在意外情况下,变更也可能因为施工单位的失误,在这种情况下发生的费用应由施工单位自己承担。

(5)在投标时所预计的实际工程量,经重新计量的,证明不同于工程量清单所列数量时,则不属于工程变更之列,不需要发变更指示。

(6)工程变更只能是在原合同规定的工程范围内的变动,不能在工程性质方面有很大的变动,否则就应重新订立合同。因为如果工程性质发生大的变更,施工单位在投标时并未准备这些工程施工装备,如施工单位原中标的工程项目为桥梁工程,而现在变更为隧道工程,这时则有理由将此作为一项新合同,而不能作为原合同的变更。

2.2 发生工程变更的因素

引起工程变更的因素是多方面的。一般在合同中已讲明的需要变更的情况主要有以下几个方面。

(1)不可预见的因素。

工程中出现不可预见的情况,如不可预见的自然因素:地质状况与原勘探孔点差别很大;出现百年不遇的山洪爆发、突发地震,其他特殊风险等,要求工程变更。

(2)外部环境因素。

工程外部环境发生变化,如供电、供水、能源方面供应紧张,或发生严重的通货膨胀,引起某种材料大幅涨价或原材料短缺等。

(3)建设单位或第三方提出要求。

由建设单位或其他第三方提出变更设计。如施工中,当地的工人或农民提出改通道为立交桥,或建设单位提出改高填方路基为高架桥等。

(4)施工单位提出变更。

由施工单位提出工程变更,改变施工方法与工艺。如为降低成本,桥梁浇注混凝土由满堂支架施工改为悬臂法施工。另一种情况是工程遇到了不可预见的地质条件,如桥梁基础原设计为钻孔灌注桩,施工单位根据开工后钻探的地质条件和施工经验,认为改沉井基础较好等。

(5)监理工程师协调进度。

监理工程师出于工程协调和进度的考虑指示变更施工单位的施工工艺顺序等。

(6)工程缺陷。

由于施工单位违约或无意间造成缺陷,监理工程师不得不发出指令变更工程等。

2.3 工程变更的程序

当某一方提出工程变更时,监理工程师可按以下程序处理。

(1)意向通知。

监理工程师根据合同规定对工程进行变更时,首先应向施工单位发出变更意向通知,其主要包括以下内容:

①变更工程的工程部位、项目或合同文件内容;

②变更的原因、依据及有关文件、图纸资料等;

③要求施工单位根据此变更安排组织施工等方面的建议;

④要求施工单位提交此项变更的费用估价报告。

(2)收集资料。

在变更意向通知书发出的同时,监理工程师应指定专人,一般为该项目的驻地监理工程师受理变更,并着手收集有关资料。主要有:变更前后的图纸,技术变更,洽谈记录,技术研究会议记录;来自建设单位、施工单位、监理工程师方面的文件与会议记录;行业部门涉及该变更方面的规定与文件;上级主管部门的指令性文件等。

(3)费用评估。

费用评估可按合同中规定的方法和掌握的资料,考虑建设单位和施工单位双方的利益后对变更费用作出评估。

(4)协商价格。

监理工程师应与施工单位和建设单位就其对工程变更费用评估的结果进行磋商,在意见难以统一时,监理工程师应确定最终的价格。

(5)签发《工程变更令》。

当变更资料齐全、变更费用确定以后,监理工程师应根据合同规定签发《工程变更令》。《工程变更令》包括以下文件:

①文件目录;

②工程变更令;

③工程变更说明;

④工程变更费用估算表;

⑤附件,主要有:变更图纸;有关会议目录;有关文件;施工单位计算报告;确定工程数量及单价证明资料等。

3 公路工程分包合同管理

按照国际惯例,获得整个合同段施工合同的施工单位,可以将该工程按专业性质或工程范围再分包给若干家分包单位承担实施任务,建设单位也可以将一些专业性强的部分工程或单项工程直接授予指定的分包单位。分包单位一般是直接与施工单位签订分包合同。

在工程实施过程中,分包是比较常见的现象。在某些情况下,适当的分包,可以保证工程的质量与进度。但如果对分包的管理控制不严,将会造成合同纠纷和技术质量问题。因此,对分包的管理是监理工程师的主要任务之一。

3.1 工程分包的种类与内容

实际工程中有一般分包和指定分包两种形式,而以一般分包较为普遍。

3.1.1 一般分包和一般分包单位

一般分包是指在合同履行中,施工单位出于某种原因,将其所承担工程的某些特定部分,经监理工程师同意后,转包给另外的施工单位施工。施工单位与分包单位双方则应签订工程分包合同。通常将从施工单位那里分包一部分工程,并与施工单位签订工程分包合同的人或实体称为一般分包单位。一般分包具有如下特点。

(1)分包合同是由施工单位制定的,施工单位有权选择分包单位,分包合同需由施工单位和分包单位签订。

(2)分包合同必须先征得监理工程师和建设单位的同意和书面批准。

(3)施工单位不能将全部工程或主体工程分包出去。

(4)施工单位对分包出去的那部分工程仍然负有完全责任。

(5)分包工程价款由施工单位与分包单位估算。

3.1.2 指定分包合同与指定分包单位

指定分包合同是指建设单位或监理工程师指定、选定或批准的分包工程、供货、供料、提供工程设备或劳务人员,并经施工单位同意后,与施工单位签订的分包合同。

指定分包单位则是指已经或将由建设单位或工程师指定、选定或批准的进行与合同中所列暂定金额有关的任何工程的施工或任何货物、材料、工程设备或服务提供的所有专业人员以及根据合同规定要求施工单位进行分包的一切有关人员、商人、零售商及其他人员,在从事这项工作的实施或货物、材料、工程设备或服务的提供过程中,均应视为施工单位雇用的分包单位。上述分包单位在此合同中则称为指定分包单位。指定分包合同具有以下特点。

(1)如果指定的分包单位未能履行职责,不但会给施工单位,而且也会给建设单位带来严重后果。所以,在分包工程招标之前,受到邀请的投标人应得到建设单位和施工单位的共同批准。

(2)由于指定分包合同最终要成为分包合同的一部分,所以在颁发指定分包招标文件之前,应充分征求施工单位的意见,并向所有投标者指定分包合同的全部详情。

(3)指定分包合同所有的暂定金额应包括在总包合同的工程量清单内。

(4)指定的分包单位应向施工单位承担像施工单位向建设单位承担的同样的义务和责任,以及在凡是由此引起的或是与此相关联的一切索赔、诉讼、损害赔偿费、诉讼费等方面保护和保障施工单位。指定的分包单位还应保护并保障施工单位免于承担由分包单位任何疏忽造成的损失。

3.2 工程分包的审批与管理

从监理工程师的角度来看,审批分包单位是实施工程分包前必不可少的关键环节。施工单位有权选择分包单位,但应慎重考虑,并应主动向监理工程师申报,且必须在工程开工之前选择好分包单位。在施工过程中要加强对分包单位进行协调、监督和管理。

(1)工程分包审批内容。

工程分包审批内容主要有:分包单位资格情况及证明;分包工程项目及内容;分包工程数量及金额;分包工程项目所使用的技术规范与验收标准;分包工程的工期;分包协议。

在工程分包的审批中应注意:未经监理工程师的批准,施工单位不得将工程任何部分分包出去;监理工程师应严禁施工单位把工程的大部分分包出去或进行层层分包;监理工程师对分包的批准,并不解除施工单位根据合同规定所应承担的任何责任和义务。

(2)分包工程的管理。

在分包工程实施中,应从以下几方面加强对分包工程的管理。

①严格履行开工申请手续。分包工程的开工,必须有监理工程师的书面批准。

②列入工地会议议程。每次工地会议,施工单位必须上报分包单位情况的资料。必要时,可邀请主要分包单位参加工地会议。

③核实分包单位实力。核实分包单位的人员、机具、设备等是否与申报情况相符;其技术力量、工程质量能否达到合同规定的要求;施工方案是否合理。

④监理工程师应通过《中期支付证书》,由施工单位对分包工程进行支付。

4 公路工程延期合同管理

公路工程建设项目中的各类合同都应该在合同中明确规定完成工程和工作的期限或天数,称为合同工期。影响合同工期的因素较多,合同工期实际延长的情况经常发生。造成合同工期实际延长的原因由两方面:一是因施工单位本身的责任造成了工期延误;二是工程延期。工程延期是指根据合同有关规定,由于非施工单位自身责任造成的、经监理工程师书面批准的合同竣工期限的延长。工期的概念是指原合同工期加上工程延期。

工程延期对建设单位和施工单位都是至关重要的。施工单位如果得到了工程延期,就可以减少甚至消除由于工期延误而支付的延期损害赔偿费;对建设单位而言工程延期不仅使建设单位推迟了工程项目的使用期,还可能由此要承受一部分经济损失。监理工程师在处理工程延期时,一定要大公无私。

4.1 工程延期的内容

FIDIC 条款中对工程延期的原因作了明确的规定。

(1)额外或附加工程的数量或性质。

(2)合同条件中提到的任何误期原因,主要有:

①延迟提交设计图纸;

②不利的外界障碍或条件;

③施工现场发现化石、文物等使工程停工;

④合同之外的额外质量检验；

⑤工程暂停；

⑥建设单位未解决现场占有权及提供通道；

⑦建设单位未按时支付进度款。

(3)异常恶劣的气候条件。

(4)由建设单位造成的任何延误、干扰。

(5)发生其他特殊情况，主要有：

①监理工程师提供的放线数据有误，使工程停工、返工；

②因建设单位风险造成的停工、返工；

③特殊风险造成的停工、返工。

4.2 工程延期的审批

监理工程师从以下几个方面对延期进行审批。

(1)延期事件是否属实。

(2)是否符合合同条款的规定。

(3)延误是否发生在关键线路上及延期是否有效合理，应注意以下几点：

①关键线路并不是固定的，但随着工程的进展，关键线路也在变化；

②关键线路的确定，必须依据最新批准的工程进度计划。

(4)时间计算是否征确。

监理工程师依据自己的记录，对延期时间作出公正合理的计算。

4.3 工程延期的避免

根据公路工程实践经验，要防止延期的发生，就必须做到以下几点。

(1)不管监理工程师还是建设单位和施工单位，必须熟悉和掌握合同条款和技术规范，严格按合同办事。

(2)建设单位应多协调，少干预，尽量避免由于行政命令的干扰而引起的工程延期。

(3)应尽量避免由于图纸延迟发出、征地拆迁、工程暂停和不按程序办理变更等引起的延期。

(4)监理工程师必须熟悉工地现场的实际情况，掌握第一手原始资料，认真做好各种原始记录。

(5)监理工程师必须对施工单位的进度计划给予充分的重视。

4.4 工程延期的处理

当工程延期发生时，施工单位应在规定期限内以书面形式通知监理工程师，并将复印件抄送给建设单位。在这种通知发出后，施工单位应在监理工程师批准的合理时间内，向监理工程师提出工程延期的具体细节，以便监理工程师能及时对提交的资料进行调查。

如果施工单位在规定的时间内履行上述程序，则监理工程帅可以拒绝施丄单位的工程延期申请。如果监理工程师未能在合理的时间内作出工程延期的决定，致使工程进度受到进一步的延误，则可能导致更多的索赔。

监理工程师在处理工程延期时一定要深入现场调查研究，经过细致的综合分析，找出问题的症结所在。

对于有连续性影响的事件造成的工程延期,施工单位不可能在规定的时间内提交工程延期的具体细节,则可在规定的时间间隔内,向监理工程师提交暂时的详细资料,待这种连续影响的结束后,在规定的时间内,再提交最后具体的资料。监理工程师在收到施工单位提交的暂时详细资料后,不应延误,要及时作出延期的决定;待收到最后的具体资料,对全部情况作出评定后,再批准这种情况下总的工程延期时间。但最后的决定不应缩短原先监理工程师已决定了的任何延长工期的期限。

5 公路工程索赔合同管理

索赔是指当事人一方在合同实施过程中,根据合同及法律规定,对并非由于自己的过错,而是由于对方的过错或对方的风险责任造成的实际损失,向对方提出给予补偿的过程。广义的索赔包括施工单位向建设单位的索赔及建设单位向施工单位的索赔,既包括费用也包括时间的索赔。通常讲的索赔指施工单位根据合同条款向建设单位索赔额外付款的一种要求。

5.1 工程索赔的分类

索赔事件发生的范围相当广泛。常见的发生在合同之内的索赔事件主要有以下几类。

(1)因意外风险和不可预见的原因引起的索赔。

(2)由建设单位的延误引起的索赔。

(3)由合同文件引起的索赔。

(4)由工程的变更、延误造成的索赔。

5.2 工程索赔的审批

监理工程师在收到施工单位的索赔详细资料及正式的索赔申请后,应从以下几个方面进行审查。

(1)调查索赔事件发生的原因和事实根据,核对施工单位的同期记录。

(2)索赔申请的格式和程序是否符合要求。

(3)施工单位引用的合同条款和依据是否正确。

(4)索赔数额的计算方法是否恰当,价格和数量计算是否正确。

(5)申请索赔的资料、证明、文件、图纸是否真实、齐全。

监理工程师在审批施工单位提出的索赔时应注意,索赔费用只能是施工单位实际发生的费用,一般不包括利润。

5.3 工程索赔的处理

索赔发生后,监理工程师应及时对索赔进行处理,及时处理索赔可以促进建设单位、施工单位之间的信任与合作,促进合同的正常履行,提高索赔处理的准确性,避免工程结算的复杂性。

(1)索赔处理的原则。

①要有合同依据。索赔的处理必须以合同或法律为依据。

②要有损害事实。索赔事件的确给施工单位造成了实际损害,使施工单位增加了额外费用或发生了损失。

③应在规定期限内提出索赔。超过规定期限提出的索赔,根据合同规定,监理工程师有权按施工单位自动放弃这种权利来处理。

④索赔的审批应公平合理。确认的索赔应真实地反映施工单位的实际损害,符合法律和合同规定的公平原则。

(2)索赔处理的步骤。

索赔处理一般分为两个步骤:

①查证索赔原因,证明索赔是否成立;

②核实索赔数据,证明索赔数额是否属实。

5.4 工程索赔的防止

引起索赔的原因可归纳为建设单位的原因、监理工程师的原因、不可预见的原因和其他客观原因。

监理工程师通过精心细致的工作,努力提高自身的业务素质,尽力完成合同规定的义务和责任,同时也要帮助建设单位按合同条款办事,完全可以达到防止和减少不必要的索赔的目的。

(1)进行充分的项目准备。

在我国工程建设中,因项目准备不足,经常发生"三边"甚至"多边"工程,建设单位遭受巨大的索赔,而且工程进度并不能得到保证,所以一定要进行充分的项目准备,一定要具备《建筑工程承包合同条例》要求的外部条件,再签订合同。这是防止和减少索赔最有效的方法。

(2)选择合适的承包方式。

工程承包有单价承包、总价承包等多种方式,在招标时应根据项目的准备情况选择一种合适的承包方式。

(3)完善承包合同条款。

在不违反公平原则的条件下,可以通过合同专用条件来对通用条件进行补充,尽量将细节写清楚,不用含混字词,避免词意表达不清的情况出现,使合同切合工程实际。

(4)加强质量监理。

加强设计审查可以及时发现设计中的错误和不足,及时对设计图纸进行修改,减少设计变更,避免设计错误引起索赔。

(5)加强质量监理。

对隐藏工程,监理工程师应进行质量跟踪,以减少复查时导致的索赔。

(6)监理工程师要提高业务素质。

通过不断学习,努力提高自身业务素质,减少工作失误,提高监理水平。

(7)严格根据合同条款实施监理。

监理工程师要严格执行合同规定的工作制度和监理程序,同时注意时常提醒和督促建设单位按合同办事。

(8)做好监理记录。

包括各种指示函件、决定、会议、试验、法规等记录,特别是索赔问题发生后监理工程师应及时做好监理记录,以便于确定施工单位所发生的实际损失。

(9)主动监理。

在工程开工前要认真阅读图纸,避免设计错误引起索赔;了解地下设施及化石、矿产、文物等情况,避免因不利的地下实物障碍引起索赔;对不利的自然条件加以调查了解,尽量避免其对工程进度计划的过多影响,以减少索赔。

(10)发生索赔后及时处理。

索赔事件发生时,监理工程师应尽量提供帮助和协助,通过变更来调整施工单位的工作,使施工单位减少乃至避免损失;施工单位提出索赔后应及时处理,避免事件拖得太久,造成难于核实。

6 公路工程违约与争端的处理

6.1 违约与争端的概念

违约是指当事人一方拒绝或未能完成合同义务。施工单位和建设单位双方都可能发生违约行为。施工单位违约有一般违约和严重违约两种。

争端是指合同履行过程中,施工单位和建设单位之间发生的纠纷或事件,我国合同法称为合同纠纷。工程施工单位合同在实施过程中,由于其技术经济的复杂性,实施过程较长,所涉及的面又很广,对合同条款的理解也不一致,建设单位和施工单位之间发生争端是在所难免的。

6.2 违约的处理

6.2.1 施工单位违约处理

(1)一般人违约的处理。

①当施工单位有下列事实之一,监理工程师可确认施工单位有一般违约行为:

a. 给公共利益带来伤害、妨碍和不良影响;

b. 未严格遵守和执行政策与法规;

c. 未严格执行监理工程师的指示;

d. 未按合同规定管理好工程。

②对施工单位的一般违约,因其影响较小,损失较轻,故其处理方法也较简单。常采用以下方法:

a. 书面通知施工单位尽快对已造成的损失和营销予以弥补和纠正;

b. 提醒施工单位,若一般违约不予重视可能会导致严重违约;

c. 当采用上述方法无效时,应书面通知建设单位;

d. 确定施工单位违约对建设单位造成的费用影响,办理扣除相应费用的证明。

(2)严重违约的处理。

①当施工单位有下列违约事实时,监理工程师可确认其严重违约:

a. 无力偿还其债务,或施工单位违反了合同中有关合同转让的规定,或其财产主要部分被接管,或施工单位资产的任何重要部分被强制破产、倒闭、清理或解散;

b. 陷入自动申请或强制破产、倒闭、清理或解散;

c. 已放弃合同;

d. 无正当理由不开工或拖延工期；

e. 无视监理工程师的书面警告，一贯公然忽视履行合同所规定的义务；

f. 未经监理工程师同意，随意分包工程，或将全部工程分包出去；

g. 违反了按投标文件及时配备称职的关键管理与技术人员的规定，或违反了施工单位承诺配备的关键施工设备。

②建设单位终止对施工单位的雇用后，监理工程师应做好以下工作。

a. 合同终止时的估价。在建设单位终止合同后，监理工程师应尽快单方面或通过各方协商后，确定并证明在合同终止之时，施工单位规定已完成的工程的价值以及未曾使用或部分使用了任何材料、任何施工单位的设备以及临时工程的价值。

b. 合同终止后的付款。建设单位终止合同后，在施工单位所施工工程的缺陷责任期满之前或之后，在监理工程师对施工、竣工及修补任何缺陷的费用、竣工拖延或损害赔偿以及由于施工单位违约而使建设单位支付的其他费用开具证书之前，建设单位没有向施工单位支付任何进一步款项的义务。施工单位仅有权得到由监理工程师证明施工单位合格完工时，原应支付给他的款项并相应扣除上述违约款后的款额。如果施工单位违约给建设单位造成损失的款额超过施工单位合格完工时原应支付给他的款额，则根据规定，施工单位应将此超出部分付款给建设单位，并视为施工单位欠建设单位的债务。

c. 合同提前终止时协议利益的转让。在建设单位进驻施工现场 14 日后，如果监理工程师发出指示且法律允许，施工单位应将其为该合同目的而签订的有关任何货物或材料供应或服务及有关实施工程的任何协议的权益转让给建设单位。

6.2.2 建设单位违约的处理

在土木工程施工承包中，因建设单位违约而使工程进度迟缓或停顿使施工单位蒙受损失时，为了保障施工单位的合法权益，合同条款中对建设单位的处理也作了明确的规定。

(1)建设单位的违约。

建设单位的违约主要是支付能力问题，包括以下几种情况：

①未能在合同规定的支付期到期后的 28 日内，向施工单位支付按监理工程师签发的支付证书应支付的款额；

②干扰、阻挠或拒绝批准监理工程师签发的支付证书；

③建设单位宣告破产，或作为一个公司宣告停业清理(不是为了重建或合并)；

④由于不可预见的原因，建设单位通知施工单位他已不可能继续履行合同。

(2)建设单位违约后施工单位的补救措施。

①施工单位有权根据合同条款的规定终止合同，并向建设单位和监理工程师发出终止合同的通知，在发出此通知 14 日后，建设单位根据合同对施工单位的雇用将自动终止。

②施工单位装备的撤离。施工单位终止合同后，可按合同的规定采用各种运输手段将自己的一切施工装备和材料撤离现场。

③如果建设单位未能在规定的支付期到期后 28 日内向施工单位支付监理工程师签发的支付证书应付的款额，施工单位有权暂停工程或放慢工程进度，由此而导致的费用增加以及工期延误，监理工程师在与施工单位和建设单位协商后确定，给予延长工期及补偿有关费用。

在施工单位未发出终止合同通知的情况下，如果建设单位随即支付了应付的款项(包括利息)，则施工单位不能再主动终止合同，并应尽快恢复正常施工。

6.3 争端的处理

6.3.1 常见争端的内容

建设单位与施工单位之间的争端大多发生在经济利益方面，常见争端有以下几个方面。

(1)建设单位对施工单位在施工质量方面出现的施工缺陷，或因施工单位提供的材料或设备性能不合格而要求赔偿、更换。但施工单位对此持有异议，认为缺陷已改正，不属于施工单位的责任，以至不能达成一致意见而发生争端。

(2)建设单位与施工单位在工期方面因施工单位的拖延而发生争端。

(3)施工单位与建设单位因索赔理由、金额等方面的不同意见差异而引起的争端。

(4)关于工程变更、分包、合同转让方面的意见差异而引起的争端。

(5)当出现特殊风险或不可抗力后，对善后处理的方法、措施不同所发生的争端。

6.3.2 争端的处理

合同条款中有关争端的处理方法，可采取两个步骤：第一，把争端提交给监理工程师裁定；第二，如果监理工程师的裁定不能被双方或一方所接受，则双方应尽量自行友好解决。但是无论是否进行过友好的解决，如果合同中订有仲裁协议可将争端直接提交仲裁机构进行仲裁；如果合同中没有仲裁协议可将争端直接向人民法院提起诉讼。

(1)监理工程师的裁定。

发生争端时，首先应将有关争端的事实用书面形式提交给监理工程师进行裁定，并给另一方一份复制件。监理工程师在收到这个提交文件后的42日内，应将自己的决定通知建设单位和施工单位双方。在收到监理工程师的裁定通知书后的42日内，如果建设单位和施工单位均未就此争端发出要求仲裁或诉讼的意向通知书，则监理工程师的决定应视为最终的裁定，对双方均具有约束力。

建设单位或施工单位如果不满意监理工程师的决定，或者监理工程师在规定时间内未能作出决定，在收到监理工程师的决定通知后的42日内，或提请监理工程师裁定的42日内，向对方发出仲裁诉讼的意向通知，并给监理工程师一份复制件。

(2)友好解决。

有关争端的仲裁或诉讼的意向通知书发出后，双方对解决已有争端应进行友好协商或调解。通过协商或调解如能达到协议，双方均应执行，且对双方均有约束力。应将该协议送监理工程师一份。

(3)仲裁或诉讼。

合同条款中如有仲裁协议，如果发生合同争端，监理工程师的裁定未能成功解决，友好解决又未达成协议，则可提请仲裁。仲裁可以在工程竣工之前或之后进行，但在工程进行期间，不能由于正式提请仲裁而改变建设单位、施工单位和监理工程师应尽的义务。

如果合同条款中没有仲裁协议，在上述状况下可向人民法院提起诉讼。

(4)未能遵从监理工程师的裁定。

如果建设单位和施工单位双方都未曾在规定的期限内发出将争端提交仲裁的意向通知书，这样就使监理工程师的裁定成为最终决定，并对双方具有约束力。如果一方未能遵从监理工程师的决定，则另一方在不损害任何其他权利的情况下，有权将此不遵守裁定的事项提请仲裁处理。

7 公路工程施工中的合同管理

7.1 施工阶段的划分

施工承包合同的实施一般分为以下三个阶段。

(1)施工准备阶段。合同签订生效之日起至合同工程开工之日止。

(2)施工阶段。合同工程开工之日起至交工验收之日止。

(3)缺陷责任期阶段。交工验收之日起至合同规定的缺陷责任期终止最终验收之日止。

7.2 各施工阶段的合同管理

7.2.1 施工准备阶段

(1)建立监理机构。

①安排监理人员进场,配置监理设备及检测设备,建立监理办公设施和生活设施,组建监理机构。

②进行内部分工,明确各级岗位职责和权力,制订监理规划。

(2)进行岗前准备。

①熟悉合同文件、技术规范、质量标准和检测方法,核查图纸,向建设单位或设计单位接受现场测量数据。

②组建监理试验室,对各种原材料进行检验;对施工单位试验室仪器设备进行检查,对试验人员的资格进行检查、考核。

③调查施工环境,核实现场施工条件,复查测量定线数据,向施工单位提供原始基准点、基准高程及定线资料。

④编制《监理实施细则》,制定各项监理工程程序,制订统一的记录、用表、证书、通知、指令等格式。

(3)督促施工单位进行施工准备。

①对施工单位编制的施工组织设计和总体进度计划进行审批。

②督促施工单位建立质量保证体系,落实质检人员配备及质量保证措施。

③审查施工单位进场施工机械的数量、型号、规格、生产能力和完好率。

④审批施工单位拟用的原材料来源、数量和质量,并进行检验。

⑤审批施工单位的标准试验。

⑥根据施工单位完成施工准备情况,签发支付动员预付款申请书。

⑦验收施工单位测定的地面线及施工定线。

⑧检查施工单位场地占用情况。

⑨审批施工单位提交的构造施工方案和技术措施。

⑩召开第一次工地会议,发布开工令。

7.2.2 施工阶段

(1)质量控制。

①严格执行质量控制程序,做到开工有报告、工序完成有自检、工序交接有签认、中间交工有证书、中间计量有报表。

②核查、认可施工防线测量数据，中间交工和竣工验收时，汇总各项工程测量资料。

③对各工序施工现场进行检查、旁站，发现质量隐患或质量问题及时纠正。

④在监督施工单位做好标准试验、验证试验、工艺检验、抽验试验和验收试验的同时，按规定频率进行监理抽检试验以及必要的附加试验，并根据试验资料和数据，对工程成品进行评定，决定确认或者拒受、指令返工。

⑤每道工序完成后，进行严格质量检查、确认，签发中间交工证书。

（2）进度控制。

①审批施工单位的阶段进度计划，重点审查各工序进度安排的合理性、工期保证及施工准备的可靠性、计划目标与施工能力的适应性。

②督促施工单位按照批准的进度计划进行施工，建立进度控制图表，填写日进度检查记录，对由于各种原因造成的进度滞后及时调整计划并督促执行，使原定工期得以保证。

③对施工单位的履约能力进行评估，对由于施工单位造成的进度严重滞后，应及时报告建设单位采取有效的制约措施。

（3）费用控制。

①对合格工程进行计量。

②按照合同单价和完成的合格工程数量审批，并签发中间支付证书。

③对索赔费用进行核查，按合同规定签发支付证书，报建设单位。

④严格审核、控制工程变更，对必须的变更确定合理的费用。

（4）其他合同管理事项。

①工程变更。包括设计变更、工程性质变化、工程数量的变化，监理工程师应进行核实、确认，并确定相应的费率，下达变更令，付诸实施。

②索赔。对施工单位提出的索赔事项进行核实。审查其有效性、符合性、合理性，然后加以确认，提出公正的处理意见，报建设单位审批。

③违约。对施工单位的违约进行处理，或报建设单位处理。

④分包。对分包单位资质进行审核、批准，对已进场分包单位的实际履约能力进行考核。

⑤争端。对施工单位与建设单位之间的争端进行调解和裁定。

⑥保险。检查施工单位是否按合同要求进行投保。

⑦协调。协调施工单位与建设单位以及其他与工程相关各方的关系。

⑧合同解释。对施工合同有关条款进行解释。

7.2.3 缺陷责任期阶段

（1）交工验收。工程完工后，对该工程进行总体质量检测、评定。对交工资料进行检查，如果符合合同要求，即可验收，监理工程师向施工单位签发交工证书。

（2）在缺陷责任期内，检查施工单位剩余工程计划，检查已完工程质量，确定缺陷责任及修复费用，督促施工单位完成交工资料。

（3）对工程进行最终检查和评定，签发缺陷责任终止证书。

参 考 文 献

[1] 中华人民共和国行业标准．公路工程施工监理规范(JTG G10—2006)．北京:人民交通出版社,2006

[2] 中华人民共和国行业标准．公路工程施工安全技术规程(JTJ 076—95)．北京:人民交通出版社,1995

[3] 中华人民共和国行业标准．公路工程质量检验评定标准(JTG F80/1—2004)(土建工程)．北京:人民交通出版社,2004

[4] 中华人民共和国行业标准．公路工程质量检验评定标准(JTG F80/2—2004)(机电工程)．北京:人民交通出版社,2004

[5] 中华人民共和国行业标准．公路工程路面基层施工技术规范(JTJ 034—2000)．北京:人民交通出版社,2000

[6] 中华人民共和国行业标准．公路路基施工技术规范(JTG F10—2006)．北京:人民交通出版社,2000

[7] 中华人民共和国行业标准．桥涵施工技术规范(JTJ 041—2000)．北京:人民交通出版社,2000

[8] 中华人民共和国行业标准．水泥混凝土路面施工及验收规范(GBJ 97—87)．北京:人民交通出版社,1987

[9] 中华人民共和国行业标准．沥青路面施工及验收规范(GB 50092—96)．北京:人民交通出版社,1996

[10] 熊广忠．工程建设监理使用手册．北京:中国建筑工业出版社,1994

[11] 殷志宁．公路工程施工监理．北京:人民交通出版社,2003

[12] 陈爱莲．公路工程施工监理便携手册．北京:中国建材工业出版社,2005

[13] 张广．高等级公路竣工文件立卷归档编制范本．北京:人民交通出版社,2005